核心圈法则

如何打造你的核心团队

[美]凯文·艾肯伯里
[美]韦恩·特梅尔 ◎著
史瑶瑶 ◎译

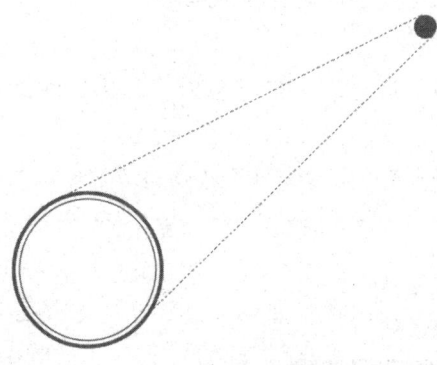

天津出版传媒集团
天津科学技术出版社

著作权合同登记号　图字：02-2023-027

Copyright © 2018 by Kevin Eikenberry and Wayne Turmel
Copyright licensed by Berrett-Koehler Publishers arranged with Andrew Nurnberg Associates International Limited

图书在版编目（CIP）数据

核心圈法则 /（美）凯文·艾肯伯里,（美）韦恩·特梅尔著；史瑶瑶译. —— 天津：天津科学技术出版社，2023.4
书名原文：The Long-Distance Leader
ISBN 978-7-5742-1018-9

Ⅰ.①核… Ⅱ.①凯…②韦…③史… Ⅲ.①企业领导学 Ⅳ.① F272.91

中国国家版本馆 CIP 数据核字 (2023) 第 075923 号

核心圈法则
HEXINQUAN FAZE
责任编辑：刘　颖

出　　版：	天津出版传媒集团 天津科学技术出版社
地　　址：	天津市西康路 35 号
邮　　编：	300051
电　　话：	（022）23332372
网　　址：	www.tjkjcbs.com.cn
发　　行：	新华书店经销
印　　刷：	唐山富达印务有限公司

开本 880×1230　1/32　印张 8　字数 118 000
2023 年 4 月第 1 版第 1 次印刷
定价：56.00 元

大咖推荐

"凯文·艾肯伯里与韦恩·特梅尔的合著《核心圈法则》是一本有关核心领导力指南的著作,也是一本卓越的著作。基于对生活中大量经理岗位的研究,这本书论述了19条法则,帮助离线领导者从容地应对他们所面临的严峻挑战,包括充分利用科技、有效开展核心圈培训、实现目标,以及建立核心圈信任。即便您不是领导者,或者目前还不是,都应该拥有这本书。我们的研究结果与作者的观点一致,领导者需要考虑的首先是领导力,其次是距离。无论您和您的员工身在何处,该书中意味深长的案例、智慧的实践、反思,以及行为问题都有助于增强您的领导力。"

——吉姆·库泽斯
畅销书《领导力的挑战》
圣克拉拉大学利威商学院执行教授

"这是一本有关高级领导力的著作,旨在应对核心圈领导所面临的挑战,也是所有面临挑战的领导者的必读之物。在经济全球化的大形势下,越来越多的企业面临领导力的挑

战。《核心圈法则》一书涵盖了领导者应该具备的全面的、切实可行的知识。"

——大卫·拉尔斯顿
少将（美国陆军退役）

"与中层管理者探讨何谓领导者时，我会推荐《核心圈法则》这本书。这本书帮助他们评价自己的领导力、树立目标、与自己的经理和教练直接合作。我特别欣赏书中有关监察的环节。就我的发展合伙人来看，虽然他们每年只能看到领导一次，但是知道自己拥有建议权，并且领导是在意自己的，他们的工作业绩也会提高。我们今天所看重的技能是成为一名卓越的领导者的一个卓有成效的途径。"

——艾丽西亚·戴维斯
戴尔公司全球金融学习与发展总监

"在竞争激烈的21世纪，对于志在千里的领导者而言，《核心圈法则》中的理念与法则如虎添翼。"

——道格·柯南特
柯南特领导力创始人兼首席执行官、西北大学凯洛格行政领导力学院主席
雅芳产品前主席、金宝汤公司前首席执行官

"领导他人绝非易事，核心圈领导难度更大。这本书为读者提供了切实可行的领导核心团队的方法。许多团队存在交流障碍。如果员工身处外地，交流更加困难。这本书教您如何成为一名卓越的领导者，以及如何挖掘您团队的潜力。"

——玛茜·万·诺特

摩西山学院工商管理硕士主任

"韦恩和凯文的这部作品所探讨的领导力培养方式适用于所有情境，详细地介绍了如何开展核心圈领导。其中，介绍韦恩与凯文合作细节的段落让我受益匪浅，也因此让我觉得文章更加真实。我强烈推荐购买此书，学习其中的法则，反思书中的问题，并将书中的理论付诸实践相信这本书能让你成为一名可以克服距离障碍的领导者。"

——大卫·辛格尔

员工敬业度网络创始人和主持人

"《核心圈法则》这部匠心力作正是这个时代所需要的。一直以来，从管理人到领导人的转型都被冷落了。现在，我们做的每一件事都在改变先前的认知：经理管理员工，领导者雇佣能人，并且坚信自己的员工能够成就一番事业。"

——安·安德鲁斯

《领导力课程》作者

前 言　先立法则，再行其事

先立法则，再行其事。

——托德·施托克尔
演讲家和牧师

原点就是最好的起点。但愿您不会试图揣测本书的创作意图。

我们的创作初衷如下：

领导一个核心团队最重要的是领导力。领导的法则始终保持不变。但是，鉴于现在员工在不同地点办公，甚至办公时间也有差异，无论对于核心工作的团队成员，还是该团队的领导者，以及其所属组织而言，在新时代中有效运用历久弥新的领导法则都至关重要。

虽然当今世界团队成员彼此距离延长，导致领导方式需要做出相应的调整，但是绝大多数领导方式仍保持不变。此书旨在向读者呈现重要的领导法则和领导法则间细微的差别，增进读者对于这些差异的认识。

在正式开始论述之前，需要首先明确以下几点内容。

美国管理协会的领导力认知

关于"何谓领导力"的文章的数量堪称有史之最,鉴于本书的题目既包括"领导力"又包括"领导",我们需要在特定的语境下探讨本书的相关问题。在我们看来,

· 让员工选择在某人的带领下朝着既定目标奋斗,就是领导力的作用。

· 只有员工愿意听您指挥,您才拥有"领导"权。

这两个简短的陈述蕴意深远。下面我们将分别通过有关领导力的一些事实具体说明。

◎ 领导力是复杂的

凯文在采访美国宇航局(亦称火箭科学家)的领导人时问道:"火箭科学与领导力哪个更复杂?"美国宇航局的领导人斩钉截铁地回答:"领导力更复杂。"并且解释说,在火箭研究中,他们知道相应的方程式和公式,只要在正确的时间将正确的数字代入公式,即可得出精确答案。

凯文在采访美国宇航局(亦称火箭科学家)的领导人时问道:"火箭科学与领导力哪个更复杂?"

与火箭研究不同的是，领导者的工作对象是人——而人是一种心理极为复杂的高级动物。虽然这些问题可能没有像将火箭送入轨道那样振奋人心，但却更变幻莫测，且鲜有泾渭分明的。领导他人并非易事，只有通过学习和实践才能驾轻就熟，这一点与火箭科学背后的原理相通。领导不同地点的员工时，情况尤为复杂。

◎ 领导力是一种行动

领导通常被视作一个角色或一个人。根据字典的释义，"领导力"是一个名词，而"领导"则是一个动词，定义领导力的行为。领导力不是我们拥有的东西，而是指我们的行为。分析领导力时，需要考虑领导者的行为举措。本书的重点是回答这个问题——"哪些行为举措能够帮助您的（尤其是核心）团队获得更高的成就？"

如果领导力是一种行动，那就意味着它不是一个头衔或职位。当员工听命于您时，您就是领导者，反之亦然。领导者不是凭借职衔、办公桌的独特颜色或办公室的面积大小差别等来提高自己在下属面前的影响力。领导者的头衔不足以让一个人成为一名真正的领导者。就算将狮子称为斑马，狮子也不可能有黑色斑纹。

举个例子，我们身边不乏那些空有很高头衔却无真才实学的人，也有一些虽不在意领导这一头衔，但却有许多下属选择听从的情况，因此，成就一位领导者的是行动而非职衔。

◎ 领导力是一种责任

当被委以正式或非正式的领导者角色时，您就需要肩负起重任。总裁、首席执行官、企业家的责任重大，这一点毋庸置疑。事实上，一级领导者的责任也举足轻重。具体而言，对于员工来说，除了最亲密的家人和朋友之外，上司对他们的生活影响最大。上司决定着他们的工资、工作环境（即使您与他们身隔两地）、工作压力，以及工作满意度等。

员工对领导满怀期盼，他们听从领导的指挥。因此，领导者有责任突破自我取得更高的成就，务必保证指导方向的正确性。领导者可以选择忽略这份责任，但却无法改变其重要性。

虽然这是一种责任，但不是一种权力攫取。树立领导权威并非由领导者的个人意愿所决定，而由领导者是否能坚持服务他人取定。夺取权力或主张权力并不是真正意义上的领导。如果您采用本书中提出的方式，就会获得很多"权力"。

◎ 领导力是一种机遇

倘若没有领导力，在这世界上也无积极的事情可言。对于领导者来说，有所作为的机会是巨大且振奋人心的。无论是改变您的团队、客户、整个组织，还是改变您工作、生活的社区，甚至于改变整个世界，都离不开领导力。

领导需要积极创造能够促进世界发展的成果，领导他人改变世界。我们创作这本书的一个重要原因是，我们坚信您有缔造非凡的潜力。我们创作的初衷是协助您与核心团队发挥潜能。

◎ 领导力并非天赋异禀

领导能力并非与生俱来的。每个人的基因都是独一无二的，都有可能成为一名卓越的领导者。每个人都赋有领导能力，只是每个人的领导能力都各有特点。如果没能挖掘出个人的领导潜力，那么再好的天赋也是枉费。没有什么比荒废才能更令人惋惜的事了。卓越的领导力并非仅仅由基因决定，更多的是通过后天习得的。

◎ 领导力不同于管理能力

管理能力侧重流程、程序、计划、预算和预测，而领导力则关注人、格局、影响力、方向和发展。两种能力所关注的能力都不容小觑。只有具备这些能力，才能取得成功。本书没有淡化管理能力，它的主题是"核心圈领导者"而不是"核心圈管理者"，重点在于领导力。这二者之间的差异虽然明显但还不够显著。如图1所示，将能力组合视为重叠的圆圈，根据管理能力与领导能力的分析，卓越的领导者不一定是卓越的管理者，反之亦然。

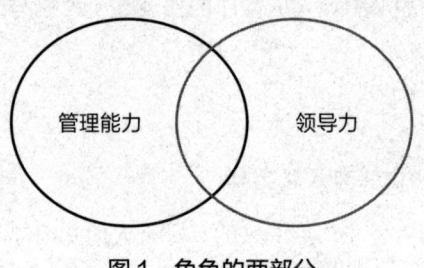

图1　角色的两部分

领导者与管理者的区别详见表1。

表1　领导者与管理者的区别

管理能力	领导力
协调	合作
规划	指导
预测	主导
预算	沟通

（续表）

管理能力	领导力
采购	团队建设
指导	创造变革
维护	创设愿景
解决问题	支持
设定目标	鼓舞士气
战略性	设定目标
注重业务	战略性
创造渐进式改进	创造目的式中断
正确行事	正确行事
关注细节	思考并谈论大局
注重过程	关注人

虽然这个列表不一定全面，但其所罗列的技能都很重要。只有具备这些能力，才能成为最优秀的领导者。另一方面，这个表格揭示出管理者与领导者所需的技能是有所区别的。本书将着重介绍领导力而非管理能力。

谨记，本书是关于核心圈法则的，书中将讨论重要的领导力法则。这些法则能为核心圈领导者需要进行的改变提供背景信息。如果您认为这本书是一本关于领导力的完整论著，那么您可能对这本书存在误解。如果您想要或需要了解更多关于领导法则的基础知识，那请参阅书中"延伸阅读"部分。

在对领导法则有了一定的了解之后，您便可开始阅读本书。让我们一起开启学习核心圈领导之旅吧！

请停下来，反思下列问题

- 您如何看待领导力？
- 您如何权衡管理技能与领导技能？

卓越核心圈领导法则

第1条法则 领导力第一，地理位置第二。

第2条法则 核心圈领导需要不同的领导方式。

第3条法则 离线办公的人际关系有所不同。

第4条法则 科学技术是工具，而不是障碍或借口。

第5条法则 领导需要关注成果(Outcomes)、他人(Others)，以及自我(Ourselves)。

第6条法则 成功的领导需要实现多样化的目标。

第7条法则 重视目标的实现，而不仅仅是设定目标。

第8条法则 无论团队身处何地，都需要有效的培训。

第9条法则 以最适合他人的而不是个人喜好的方式进行沟通。

第10条法则 了解员工的行为，还要了解他们的想法。

第11条法则 建立核心圈信任绝非偶然。

第12条法则 确定领导力目标，选择相应的沟通工具实现目标。

第13条法则 只有最大化工具的性能才能避免工作效率

最低化。

第 14 条法则 寻求对成果、他人，以及自身最有益的反馈。

第 15 条法则 检查自己，与自我对话——决定您的领导方式。

第 16 条法则 接受能力有限的事实——切勿飞蛾扑火。

第 17 条法则 切中要害方可成为卓越的核心圈领导者。

第 18 条法则 为核心圈领导者奠定领导力基础。

第 19 条法则 当所有法则都失效时，谨记第 1 条法则。

目录

第1部分 | 启程

第一章　屏幕时代的领导者　　002
第二章　"屏幕"改变了工作　　011
第三章　核心圈领导意味着什么？　　018

第2部分 | 模型

第四章　核心圈领导力模型　　036
第五章　核心圈3O模型　　045

第3部分	成果

介 绍	062
第六章　成果的类型	070
第七章　设定并实现目标	079
第八章　指导与反馈	096
总 结	122

第4部分	他人

介 绍	124
第九章　　与他人合作的九条"黄金法则"	125
第十章　　懂政治却不"耍政治手段"	133
第十一章　理解并且建立核心圈信任	140
第十二章　选择恰当的沟通工具	152
第十三章　给领导者的科技建议	160
总 结	178

第5部分 | 自我

介 绍	180
第十四章 获得真实反馈	183
第十五章 与自我对话	193
第十六章 设定合理的界限	199
第十七章 设定个人优先权	206
总 结	211

第6部分 | 培养

第十八章 培养核心圈领导者的相关问题	214

结 语	227
致 谢	231
作者简介	233

第 1 部分

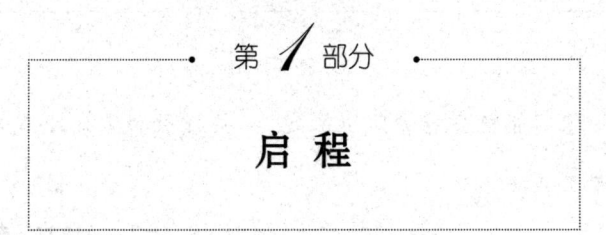

启 程

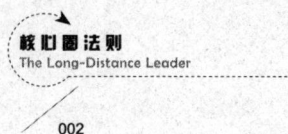

第一章

屏幕时代的领导者

第 1 条法则：领导力第一，地理位置第二

您不能把公司管理得像战场，应该做的是处理事务、领导员工。

——格雷斯·霍伯
海军上将

埃里克领导一个传统的团队已经足足五年了，是一位资深的经理。最近，他有几位员工每周有几日在家工作。他觉得虽然表面上一切似乎正常，但实际上暗藏危机。他向我们哭诉，忧虑未知的情况而非忧虑工作本身占据了他大量的时间，他比以往任何时候都怀疑自己，对自己的决定感到不自信。正如他所说，"目前为止，一切进展顺利，但是这种状况能够持续多久是一个未知数，仿佛一颗不定时炸弹。"像埃里克这样的例子不胜枚举。

读到埃里克的事例，相信您会赞同我们的观点——做到"好"或"不差"还远远不够。领导者大都志在千里，没有人拿起这本书只期望自己的领导能力达到一般水平，每个人都希冀成为一名优秀的领导者。当然，如果能够以比自己现在承担的压力小得多的方式实现这一目标则更好。

当关注领导者日常面临的挑战时，我们对此也有了更深层次的认识。毕竟，过去几年我们一直与数十个组织和数千万人一起工作，我们期望能够量化世界上正在发生的事情，并用数据验证我们的假设。为此，我们开展了领导力调查。

2017年，我们调查了225名管理人员（志愿者），他们至少有一部分时间从事离线工作。虽然样本量不够大，但实验结果证实了推测。如果您期待发现骇人听闻的结果或意想不到的数据，定会大失所望。调查结果显示，离线领导者面临的挑战与管理者在所有情况下面临的挑战惊人的相似，并且大多数领导者都报告说：凑合或者不完美——事情总是能够更好——但不至于即刻山崩地裂。调查结果还表明，随着兼职离线办公的普及，以及更多公司劳动方式的转变，潜在危机在不断加剧。

该调查突出显示了由于人与人距离的疏远而引发的挑

战，强调利用科技弥补由此产生的差距。后文中您将发现这是完全合理的。此外，调查证实了我们与客户目前的关系纯属正常。同时，数据揭露了领导者应该如何为新的工作方式做好准备，以及如何掌握所需的技能。

以上就是我们所收集的信息。

正在变化着什么

·调查的管理者覆盖所有可能的行业领域。政府和零售业的管理者各占11%和12%。即使将调查的管理者分成七大类别，46%的受访者也是属于这11%和12%之外的部分的。这一点很重要——离线领导并不仅限于特定行业或领域，而是一个常态。

·团队的规模正在发生变化。在接受调查的受访者中，超过一半的人拥有10人或以上的团队，25%的人领导2~5人，21%的人领导6~10人（见图2）。这一数据略高于其他同类型的直接汇报工作的人数平均值，可能预示着控制对象扩大的新趋势，领导者即将面临更大的挑战。

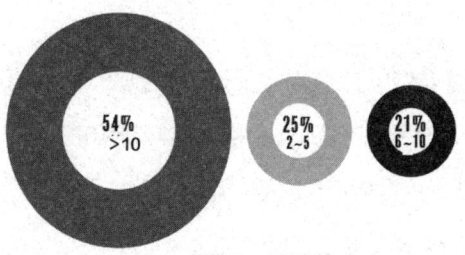

图 2　团队的大小

- "离线团队"并不意味着每个人都在不同的地方工作。我们通常认为离线团队要么完全离线（每个人都身处异地），要么同处一地。事实上，70%的领导者拥有一支"混合"团队，全职员工和兼职离线员工各占50%。另外30%的领导者的团队全部或绝大部分由核心圈员工组成（见图3）。离线劳动力是劳动力市场上增长最快的。这个问题一直没有得到解决，这意味着领导者需要承担更大的压力。

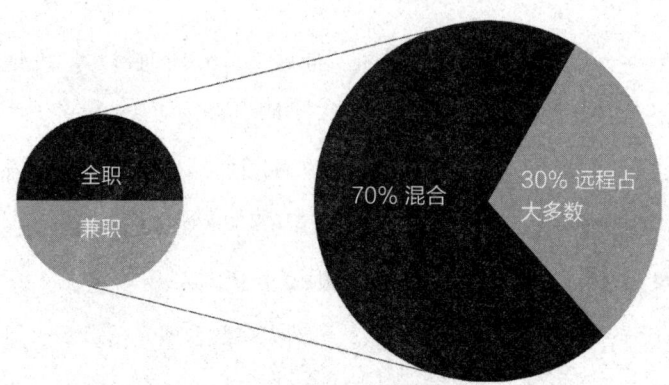

图 3　团队的组成

·其他人口统计数据。受访者中男性占60%，女性占40%，他们都经验丰富：44%的人年龄在40~49岁，37%的人在50~59岁。意想不到的是，有19%的人超过60岁，因为受访者中78%的人担任管理者长达8年或更久，这一数据也是有意义的。以上数据证实了重要的一点：担任领导者的时间长短与能否成功转型为离线领导者似乎并无关联。

过去发生了什么？

我们调查了多种行业内的一批经验丰富的经理。然而，当我们问道"情况如何"时，得到的答案却惊奇地一致。举些例子：

·过半数的人表示他们"能够完成分内的事"，还有28%的人表示他们的团队"工作效率很高"。

·当被问及"生产力的挑战在哪里？"10%的人表示问题出在离线员工身上，4%的人表示他们与"主团队"在一起，69%的人表示无章可循，或者根源问题很难判定。

·信任度略低于生产率，虽然大多数管理人员表示他们自己和团队成员之间的信任度可以接受，但整个调查中，此处暴露的问题最多。我们的受访者表示"信任水平并不糟糕，但仍有待提高"的比例最大。

领导面临着什么

最后,我们询问了这些领导者所面临的具体挑战,得到的反馈如图4所示。

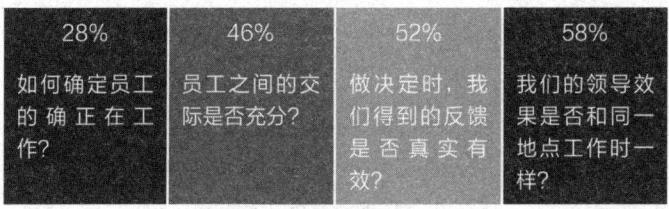

28%	46%	52%	58%
如何确定员工的确正在工作?	员工之间的交际是否充分?	做决定时,我们得到的反馈是否真实有效?	我们的领导效果是否和同一地点工作时一样?

图4　领导面临着什么

在最初开始核心圈工作,抑或在信任度向来很低的组织与行业(包括高度监管的工会环境和政府),第一个问题最常被问到。根据我们的经验,高级领导层尤其在意员工在特定时间点正在做什么,而核心圈领导者更担心后面三个问题。这三个问题更加个性化。

员工反馈了什么?

虽然从表面上看一切似乎进展顺利,您似乎能感受到下属的上进,工作也在不断推进,但是这中间有许多潜在的问题。您可能会察觉到下面这些耳熟能详的问题。

・"员工遍布世界各地,万不能'掉线',需要24小时在线。"

・"举行会议时,许多人缺席或中途离席,因此我们的会议效率不高。"

・"离线的员工和在办公室办公的员工之间存在着分歧。"

・"我们没能够及时察觉自己的职责,以及所面临的挑战。"

・"我们非常擅长完成定义确切、范围明确的工作,畏惧提出新构思、处理意外或者开展会引发新难题的事务。"

・"想要专注于紧急与重要的事务很难,也不知道其他人的关注焦点。"

我们可以继续分享更多的评论和问题,以下是数据所揭示的内容。

・领导者正在这个新环境中领导团队,他们很渴望在虚拟世界中获取成功，他们工作时间更久、更努力，但是他们的工作不基于事实，而建立在揣测的基础上，所以很多努力是枉费力气的。我们坚信会有更好的方法。

·虽然许多组织开始计划离线办公（有政策和支持），并培训旗下离线领导者，但计划赶不上现实的节奏。领导者相信自己的直觉，并尽其所能，但他们却没有在现有的公司培训或一般商业文献中找到所需的支持。

·他们不够自信。他们经常说出像"我永远不确定"或"我担心……"这样的话。这种不确定性削弱了有效性，增加了面临新的和不熟悉的工作环境的压力。

·资深的领导者有时会与技术斗争。正如心理学家珍·特温格在她的著作《Me 世代》中所说，精干的领导者通常会采用不同的工作方式。虽然使他们取得成功的许多事情仍然具有相关性，但在与年轻的技术娴熟的员工建立联系方面，他们仍感觉心有余而力不足。

·一般来说，虽然新上任的领导更青睐技术，但他们领导力不足。

需要谨记什么？

在阅读本书的其他章节时，需要重点考虑以下几点：

·核心圈法则始终存在。离线领导可以很卓越，您可以做到这一点。

·核心圈领导仍居于前沿地位。虽然大多数团队的核心圈领导仍居于首位，但是只有首先承认并解决差异，您与您所领导的团队才可取得成功。

·沟通能力、影响能力、建立稳定关系，以及招贤纳士的能力都可以在整个组织中学习、发展和效仿，前提是您了解工作中的动态并确定技能差距，以便妥善解决问题。

·这不只是您一个人的担忧。这本书所涉及的问题、困惑和担心也是其他数百万睿智、能干、敬业和疲惫的资深领导者的所忧所虑。

请停下来，反思下列问题

■ 在核心圈领导过程中，您所面临的最大挑战和最大顾虑是什么？

第二章

"屏幕"改变了工作

第 2 条法则：核心圈领导需要不同的领导方式

欲戴皇冠，必承其重。

——威廉·莎士比亚

《亨利四世》第二部分

　　领导者的工作从不简单，他们需要不断地提高工作效率、实现个人和其所属组织的目标，同时也需要协助员工实现他们自己的目标。既然您已经接受这项挑战，就请砥砺前行。

　　帕蒂就是这样的一位领导者。她连续领导一个团队三年。团队的每位成员都在同一个地方办公，且每位成员的日常活动都与工作紧密相关。以前员工只有在遇到暴风雪天气或者孩子生病等紧急情况，才可以在家办公。现在，团队半数的成员每周至少三天不在办公室办公。没有计划，没有标准化的流程可寻，帕蒂开展的培训一概是面对面的交流。更糟糕的是，她并非技术控，只是电子邮件用得多。这导致她每次都是等到每个人都到场时才开始会议，但这就会让一些人跟不上节奏或者获得的信息不及时。为此，帕蒂很沮丧，并且困惑，"怎会落得如此境地？"

员工很容易只关注影响领导者发挥作用的因素，而轻视现今工作模式所引发的挑战，特别是远距离和技术辅助式交流的影响。毕竟，成吉思汗在没有举行过一次在线会议的前提下统治了半个世界，维多利亚女王的大英帝国堪称日不落帝国，但从未进行过一次电话会议。这一领域的空白不能成为我们不能以更富有成效的方式达到卓越领导的借口，员工一起工作的方式、领导者的沟通方式都发生了根本性的变化这一事实，并不会因忽略或缩小这一问题而得到改变。正如帕蒂注意到的那样，她的公司所面临的问题尚未解决，离线办公的变化对领导行为、态度和结果产生了深远的影响。

当成吉思汗必须下达一个命令时，在他跟前有专职文员详细记录命令的内容，然后将这些命令传递下去。当您需要向项目团队传达工作的指令时，您会盯着空荡荡的办公桌（或您所工作的星巴克内的陌生人）多久？您在手机上编写通知短信时，会猜想对方是否理解和重视指令吗？

人在位高权重之时难免孤独。现在，我们在很多时候都是孤身一人。当维多利亚女王抱怨道,"我没有被逗乐"时,她呵斥的人就站在她面前,并且领会了她的意思。他们不能用"LOL"(大声笑)和耸肩表情符号化解尴尬。

事实上,在过去25年左右的时间里,职场已经发生了天翻地覆的变化。以下是过去的一些方法:

· 几乎没有经理、团队领导会手写通知发送给其他成员。在大多数组织中,绝大多数信件和文件是由助理、文员或其他受过训练的专业人员创建,至少,在信息正式发布之前,会有专门人员审查,绝不会(也不可能)只是简单点击"发送"或"全部回复"。

· 大多数人没有"邮件"这一概念。有些人可能会记得自己的第一个邮箱账号。我们只有通过计算机(通常在工作中)才可以访问它们,并且无法保证您的目标受众也有访问权,现在它可能是商业沟通最重要的形式(也是最饱受质疑的)。

· 大多数面对面的商务沟通都是通过电话完成的。差不多15年前,工作人员进行电话会晤的时间远远超过了进行阅读和编辑电子邮件的时间。现在情况已经发生逆转,并且仍在继续。

· 大多数团队领导、主管和经理都规定自己的员工在同一地点办公,或者在一定的物理范围内。只有大公司区域级以上的领导者，才需要担心核心圈管理人员。领导力发展和培训涉及诸多面对面的接触，这可能与今天的现实不符：大多数领导者表示他们没有接受过足够（或任何）有关领导离线和混合团队的培训。

事实上，过去 25 年间发生的改变远不止这些。

· 根据项目管理协会的统计，90% 的项目团队至少有 1 名成员（通常更多）与团队其他成员不在同一办公场所办公。

· 越来越多的项目团队和工作组由负责向不同经理汇报工作的成员组成。这些矩阵化团队的领导者不能以上司的身份或者传统的上下级关系约束下级、影响和领导其他成员。

· 今天，接近 80% 的白领主管曾经收到过至少一份来自另外一个地区的工作报告。这些工作报告可能是远在大洋彼岸的同事或者是因为天气原因临时决定在家办公的同事。无论哪种方式，他们都距离遥远。

· 社交媒体和电子通信已经改变了信息（或虚假信息）传播的方式和传播速度。过去，响应请求至少需要足够的时间将羽毛笔浸入墨水并手写回应，放入信封，并将其运送到信件的海洋中，或者是直接给您要沟通的人。

这些数字不仅指明了员工工作方式的巨大改变，而且指明了领导者主要的两个改变：

· 从前使我们成功的沟通方法（如果已经使用一段时间）

已经改变了。在面对面的会议中，您可能会表现优异，但是今天您还会有多少听众？也许您是一个很好的倾听者，但如果达拉斯的鲍勃只是通过电子邮件与您沟通，那倾听的力量就会被否定。这就引出了一个问题——你们二人是否真的在竭尽全力地有效地工作。

·领导者的孤独寂寞的概念不再仅仅是情感上的。您不仅会因为独自决断的责任、权威性，或者对员工的工作负责而感到孤独，也会因为不与其他人在一起工作而倍感失落。

首先，您需要避免松懈。毕竟，如果您已经从事这项工作很久，那您期望做的事情和您期望使用的工具在短时间内可能发生了巨变；如果您不熟悉自身领导者的角色，那么指导和教导您的人更不会像您一样熟悉工作，这是一个未知的挑战。

当您做出决定、提出问题或给出指示之前，您需要观察对方的表情，或者至少听到他们的声音。您可以判断您的思想是否被理解，或者他们是否赞同您的观点。在得到实时反馈的前提下，那您可以快速指导、回答问题或做出改变。如果您需要答案，那您会立即得到答案，甚至偶尔会收获一个和善的微笑或者一句暖心的"谢谢"。这些只是成为一名优秀的领导者得到的情感福利。

但现在，这些慰藉可能会消失，像帕蒂一样，如同在黑暗中工作，不确定发生了什么，唯一依仗的就是信仰（即使您没有多少），并且使用我们和我们的前辈从未用过的方式。

我们的一位客户就是这样说的："管理总是让人感觉像放养猫，但是现在我正试图通过电子邮件对猫群进行攻击。"

在我们摸清事态的变化及其独特之处之前，我们需要深呼吸，放轻松。事实是，虽然我们的领导方式发生了重大变化，但是领导本身并没有多大变化。

一直以来，管理好比放养猫。
但是现在我正试图通过电子邮件对猫群进行攻击。

这是一阶改变，而不是二阶改变，区别在哪呢？一阶变化意味着我们需要以不同的方式处理相同的问题。手头的任务没有变化，但是我们需要借助不一样的工具提高工作效率。二阶变化意味着我们正在做的事情毫无作用，我们应该采取其他行之有效的措施。

这是一个例子。假设您团队中的一个成员经常上班迟到，您有很多方法可以帮助杜绝此类问题：他们可以提前15分钟出门、换条上班路线、甚至同意每天延迟15分钟下班，从而保证他们的工作量。这些都是一阶变化。

如果这些解决方案都不奏效，那么您可能需要做的或是努力满足他们的需求，或是建议他们寻找新工作。这是一个二阶变化：当您做事的方式没有作用时，您需要调整您的工作内容。

担任核心圈领导者与您过去的工作方式可能会截然不同，如果您更愿意与同事共享同一个办公空间或者更习惯面对面交流，那么这些改变可能会让您产生负面情绪，降低您的工作效率。

问题不在于您工作的内容，而在于您工作的方式。在接下来的章节中，我们会提出核心圈领导的模型，并对相关模型进行阐述。

请停下来，反思下列问题

- 过去一年中您的团队工作方式最大的改变在哪？如果您是一名新人，无法回答这个问题，那么请问您现在上司与前上司的工作方式最大区别在哪？
- 您是否注意到由于与您的员工分开工作而导致您的领导发生任何变化？如果是这样，具体有哪些变化？
- 核心圈领导面对的最大挑战是什么？
- 哪些工作进展顺利？您如何断定某项工作进展受阻？

第三章

核心圈领导意味着什么？

第3条法则：离线办公的人际关系有所不同

> 每当我想到由小事引发的巨变时，我就体会到，任何小事都不容小觑。
>
> ——布鲁斯·巴顿
> 美国国会议员、广告主管

在艾哈迈德担任主管多年来，所有团队成员都在办公室工作。随着公司政策的改变，目前他的三名团队成员在家办公。尽管他发现形势已经发生了变化，但却并不知道这对他来说意味着什么，也不知道自己每天该做什么。他经常感到难以置信，一点点的沟通不畅会引发一系列问题。他十分纳闷，明明自己已经非常明确地传达信息，但是仍有误读现象。

在本章中，我们将进一步探讨艾哈迈德（和您）正在面对的"离线"及其意义。我们将在最后一章进行扩展，以确保您知道目前的核心圈领导能力和理想目标。

离线领导者是指至少有部分属下跟自己不在同一办公地点工作的领导者。但是，鉴于现代工作场所的运作方式，这一表述涵盖面极广。

离线不同于虚拟

以下是一些在接下来的章节中尤为重要的专业术语。首先，就是"离线"团队和"虚拟"团队的定义问题，虽然这两个词可以互换使用，但却并不完全等同。

纽约州立大学石溪分校和国际虚拟距离（Virtual Distance International）的现任首席执行官凯伦·索贝尔·罗杰希（Karen Sobel Lojeski）博士认为，二者的区别在于：离线距离正如其字面意义，属下员工至少在某个时间内是在其他地方办公的。也许您是一名销售经理，您的员工都在外跑业务，靠笔记本电脑和手机联系彼此，或者您的项目组成员分布在班格尔、班加罗尔各地，又或者虽然您公司的办公地点只有一个，但是其中一名员工为了照顾孩子，每周有一天需要在家办公。

这类团队的重要特点是成员之间彼此距离遥远，只能通过视频和电子邮件进行通信，缺乏面对面的眼神与肢体语言的交流，以及其他频繁互动与交流所能提供的信息。此外，此类团队工作汇报的模式和权力分布相当传统。虽然员工不太习惯这种办公模式，但没有最初接触时反应那么强烈。

虚拟距离更复杂，沟通主要依赖技术。尽管你们不在同一地点办公，但这种关系存在结构性差异。例如，如果您领导一个项目，团队成员来自不同的部门，那么虽然您需要承担所有的责任，但却没有实权。项目团队和临时团队经常出现"虚拟"现象。实际的项目经理或者项目领导者可能没有直接的监管权——团队的每一个成员分别向各自"真正的上司"汇报工作。这种情况并不像过去传统的权力杠杆（"我是上司，你必须按照我说的做"）那么简单，决定工作完成的主要因素是影响力而不是权力，上司不能仅仅通过电话指挥员工工作。

另外，虚拟距离可以是情感上的。如果您的同事宁愿给您发电子邮件也不愿意与您面对面交流，那即使你们距离很近，你们之间也存在虚拟距离。现在想象一下他们实际上已经消失了（虽然他们希望来到您办公室，但是他们却做不到）。在这种情况下，你们之间的沟通会变得更加困难吗？

团队的不同类别

当谈论团队动力时，我们还需要明确所指，当今领导者领导的团队可能有以下三种类型：

·同一地点办公的团队。所有成员绝大多数时间都是在同一地点工作，这也是我们大多数人的工作环境。

·完全离线的团队。员工为了共同目标而奋斗，但他们大多数的工作都是在不同地点独立完成，大多数沟通都不是面对面的。一个典型的例子是销售团队，每个地区的销售人员都有一个直接报告对象。

·混合型团队。您的一部分员工在同一工作场所办公，另外一部分员工在其他场所办公。其他场所办公的员工可能包括全职离线工作人员、其他办公室人员，甚至是客户站点上的人员。混合型团队中有一种是员工每周有几日或者只要他们想在家办公时是在家办公的。如果您与部分员工在会议室开会，另外一部分员工通过电话参会，这种情况就面临一些不一样的挑战。最大的挑战是员工的工作地点捉摸不定——有时在办公室，有时在其他地方——接收信息的过程与途径几乎每天都在改变。您的团队可能就属于这种混合型，大多数人在办公室工作一天，之后以完全虚拟化的状态工作。

除了以上这些区别，根据工作环境的不同，您的离线或混合团队还有其他特别之处，烦请考虑以下几种情况：

·销售团队。如果您是销售团队的领导，那么您曾经可能也是一名销售人员。销售团队早已熟悉了离线办公的模式，所以对他们来说，离线办公更得心应手。或者，正如之前发现的那样，他们之所以更能接受离线办公，是因为他们没有体验过其他更好的办公模式，他们全然接受了离线办公的问题和困难。

·项目团队或临时团队。这种类型的团队生命周期短、风险性高。这样一个团队的成员可能几乎不向您汇报工作。

·独立贡献者团队。销售团队可能会演变成这种类型的团队，但并不是只有销售团队才会变成独立贡献者团队。领导一个由个人贡献者组成的团队时，您对离线团队的合作与协作的关注可能不那么强烈，但您仍然要预防成员的孤立或个人主义倾向，始终要记住：他们始终隶属于整个团队，团队目标适用于每一位成员。

·全球化团队。针对不在同一地点办公的情况，有时文化差异和时区的巨大差异会给沟通和关系建设造成压力，这时团队成员彼此之间的距离远近倒显得无关紧要了。

第三章
核心圈领导意味着什么？

没有变化的方面

"领导力经历了什么样的改变？哪些是不该改变的？"凯文工作室的白板上一直留有这个问题，几个月都没有拭去。这个问题从多种角度概括了本书的部分内容，更是本章节研究的重点内容。我们首先分析哪些是不该改变的。

·领导者的关注焦点。无论领导的对象是在办公室外、在写字楼内、在仓库，还是在另一个时区或国家，领导的对象始终是人，而人是有感觉、有情感、有需求、有个人目标的。领导者在参与细节管理的时候往往疏漏了这一点。如果领导者在行动之前就想清楚这些，就能避免此类错误。

·人类行为的基本原理。在领导他人的过程中，如果您深入了解人的心理特征，知道他们的所思、所需、所想、所惧、所忧，那么您注定会取得更高的成就。与当下流行的商业刊物上的观点不同，我们认为，人类行为的基本原理并不会因为工作地点的转变、新技术的使用抑或出生年代的不同而改变。在这本书中，我们会详述这些基本原理。

·领导力的原则。与人类行为的基本原理一致，有些技能与特征可以增强领导力，这些技能与特征并不会随着办公地点的改变而改变。

·领导者的角色。不管团队身处何地，领导者都需要扮演指挥、引导，以及沟通的角色，领导者在团结团队、与团队合作的同时，还兼有设定目标、引领改革的重任。本书的第一章简述了这一点。值得注意的是，虽然团队成员在不同地点工作，但是领导者的这些角色定位从未改变。

·对高产量的高期望。我们的组织始终期望我们能够实现生产目标、完成重点项目、满足预算，以及安全作业等。这些高要求也不会随着工作地点的改变而降低。既然这些重要的方面都未曾改变，您就必须充分认识并解决在离线领导过程中的一系列问题，否则，您会像艾哈迈德一样感到挫败与惊恐。

已经变化的方面

因为您察觉到工作方式的巨变，所以选择阅读本书。领导力经历的改变有如下几个方面。

◎ 地理位置

有些团队虽然在同一办公地点，但是成员在不同楼层或者不同办公楼里办公。我们曾与这种类型的团队合作过。毋庸置疑，这本书中讨论的离线因素同样适用于分隔距离较短的团队。多年来凯文领导的团队成员都分布在方圆120千米范围内，但是现在他们分布在里士满、弗吉尼亚、芝加哥、凤凰城、韦恩堡、印第安纳波利斯甚至是更远的地方。这可能还没有您所领导的从得克萨斯州的达拉斯到迪拜，从都柏林到伊利诺斯州分散在全球各地的团队的分散度高。这些地理位置的变化很重要，可能与您最初的观念相冲突，仿佛情况还不够复杂似的。离线领导者不仅需要考虑距离，还要兼顾时区、文化规范与期望，这使得他们的领导难度更大。

◎ 视线外领导

离线领导的对象鲜有机会见到领导，虽然彼此很难碰面，但是领导者的确很想亲自指导他们。

在成员能够观察到您的情况下，您很容易通过示范作用领导成员，要求员工之间能够互帮互助，那么您自己首先得热心助人。如果您自己不愿意从事脏活、累活，那与您在同一地理位置工作的员工很容易判断您是否言行一致。

当您和员工在同一地点办公，遇到问题时，他们可以随时向您请教，或者只要您在公司，他们可以随时与您当面商榷。然而，那些与您不在同一地点工作的员工则需要改变这样的意识。鉴于此，您有必要采取一定的措施。

虽然您的出现起初会有点突兀，但是这能够代表您的领导地位与领导意愿。如果员工需要与您磋商时间，但不确定什么时候才合适，或者员工与您关系并不那么亲密，那么您就需要同时处理眼前问题和长远问题。

无论我们是在谈论实际存在还是"虚拟存在"，您的员工都可以看到这些信息。"在员工的视线范围之内"对于领导力是尤为关键的，并且会受到离线关系的影响。

◎ 技术工具

凯文凭借一台传真机和基础网络就创立了公司。除了让您知道凯文的例子近在身边，我们需要了解科技世界发生了哪些变化和未来的发展态势，了解可供使用的科技和有效利用这种技术的方法，帮助您成为一名优秀的核心圈领导者。掌握能够有效提高工作与交流的新技术是领导者工作的一部分。

如果领导者不能利用有效的工具，其团队成员也不会；如果您不能很好地使用这些技术，成员则会更加抵触。领导者没有亲身示范如何有效地利用这些技术，那员工就没有可以效仿的案例。

核心圈领导者，尤其是当代社会的领导者，更应该鼓励员工使用新技术。同时，领导者本人也应该以身作则。

◎ 人际关系

虽然员工目前不在同一栋楼或者同一办公区工作，但他们依然一起工作、交接工作，这都离不开有效的沟通。

虽然日常的碰面并不会增进同事之间的情谊，但是私下交往却能使感情增温。离线工作并没有因为距离偏远而不重视人际关系，也需要维持一定的工作关系，只是团建的机会与情境会有所不同。对于领导者来说，学习建立并维护员工之间的情感向来都至关重要。

然而，即使并非如您所愿，虚拟交流确实改变了人际关系模式。培养团队成员之间，以及您与团队成员之间的关系对核心圈领导者更加困难，也更加重要。

◎ 交流线索

面对面交流时，您能及时得到反馈。某些情况下，员工可以针对性地提出问题或发表评论。领导者应该鼓励真实的回答，因为许多反馈都是潜意识的，是不可控的。微笑表明认可，而眉头紧锁则暗示我们要调整信息、重复信息、检查

了解或者在继续之前收集更多信息。我们应该根据反馈及时调整、改变我们所传递的信息内容。

在离线办公时，交流的模式发生了改变。回想一下您有多少交流是以文字为媒介的。邮件、文本、在线交流是最频繁使用的交流方式，但也都是单向的交流方式。单向的交流方式会让人感觉冷漠，需要您磨炼交流技巧。

打电话时，对方只能听到您说话的声音，您无法通过微笑、表情、肢体语言表达思想。即使员工通过网络摄像头或视频会议可以看见您，潜意识里也感觉距离您很遥远，这一点单靠视频是无法克服的。

在缺乏最直接信息的情况下，领导者必须确保所传递的信息简单易懂，同时需要其他接收关键线索的途径。您通过邮件告知对方，您正在修改杰克逊账号的运作方式，但是这是否意味着对方真的收到整改的信息，或者真的了解这种改变会对他们产生何种的影响呢？当您认为一切已安排妥当放下心来，员工对于这条信息是会处之泰然还是张皇失措呢？

我们一直学习如何与人进行面对面交流，却忽视了我们正以一种低效、做作的方式在做最重要的工作。

◎ 信息滞后

信息接收的方式往往是经过筛选的，并且是以未知的方式调整过的。

领导者不仅发布信息，也会接收大量的各种形式的信息。与员工一起工作时，您可以偶尔融入他们，对某些事物进行解释，或者当他们向您汇报坏消息时，通过观察他们的肢体语言做出适当回应。当接到临时汇报工作的电话时，他们很难确定您真的仔细阅读了文件，明确了文件内容，更不明确您对工作的进展是否很引以为豪。

◎ 过时的领导

对于我们许多领导者来说，最初的领导经验是来自所有员工在同一办公场所工作的经验。领导者只需在写字楼中巡视一圈，就能知道哪些人正在工作（至少表面上是在工作），哪些人在消极怠工，当偶然听到闲聊、发现不妥行为时，可以立即制止。

您可能曾经也碰到过领导方式落后的领导。这些落后的领导者采取传统的"命令与控制式"完成工作（"这是我的命令"）。因为这些领导就在员工身边或者可以随时出现，员工的所作所为都在其眼皮底下，他们可以随时查看员工是否是严格按照指示行事的。不管这种方式是好还是坏，最起

码这是可能的。

但是如果您的团队成员分布在世界各个角落，即使您想要完全监控他们，杜绝怠工现象，都不可能时时了解每个人的行踪。既然您不可能了解每个人在每一时刻的所作所为，就需要寻求其他途径确保员工接受指导、明确工作准则，向您汇报工作进展，换句话说，想要成功领导离线团队，就必须与团队成员建立深厚的信任，命令与控制不能解决问题，只会让领导者和员工都抓狂。

◎ 需求的变化

员工的基本需求没有变化，只是现在的工作环境使得某些需求比过去更加重要或者突出。对于在家办公的团队成员来说，交流需求尤为突出。交流需求在从前的办公地点很容易便可以满足，但是随着在同一办公场所办公现象的减少，核心圈领导者需要注意到变化的需求并且找到满足这些需求的方式。因为只有需求得到满足，员工才能专注地顺利完成工作。

培养团队成员之间和您与团队成员之间的关系对核心圈领导者来说更重要，也更困难

在这个数字化的时代里，随着人际距离的增加，对于许多人，包括那些因离线办公而错过办公室互动与交流的外向型员工来说，工作场所就是维系人际交往的理想沃土。领导者必须意识到在家办公的员工的需求。如果领导者能够满足他们的需求，并且给予他们鼓励，那么其团队的工作效率就会大大提高，团队成员的紧张感就会减弱，幸福感将随之增强。

◎ 工作个体化

对于离线办公的人员来说，他们的工作更倾向于个人任务和个人贡献，而工作重心从团队到个体的转移并不一定是坏事。在某些情况下，这种转移甚至能够提高工作效率，但是整个团队需要积极认识到这一转变，从事该任务的个体更需要认识到这种改变。值得注意的是，我们不能过分强调个体化。

◎ 工作孤立化

核心圈领导的确是一项孤单的工作。

虽然能够在零干扰的条件下完成工作是一件令人愉悦的事，但是不可否认，与他人共处也是领导过程中的一种快乐，

聆听他人的意见、得到适时的解答、头脑风暴、完善观点都是让人感到幸福的事。

但是当您怀有疑问时，您该如何处理？当您满腹疑问时，您有值得信赖的顾问吗？您会验证自己的假设，还是会信赖身边的人而直接否决自己的某些想法呢？您既无法看到自己观点的认可情况，也无法第一时间得知好消息，同样您也不要介怀无法在休息室和同事分享比萨或者生日蛋糕时的快乐。

我们的调查显示，没有团体融入感的领导其工作效率与工作满意度偏低。那么面对日益离线化的办公模式，领导者该如何获取信息、获得灵感、培养情谊呢？

如何应对？

的确，虽然核心圈领导者的工作异常艰辛，但也并不是没有可能完成的。（既然成吉思汗、维多利亚女王都能做到，那么您也一定可以做到。）只是您需要以全新的视角审视您的工作，充分认识影响您工作的因素和您工作方式的改变，并且适时调整自己的行为方式。

在本书接下来的章节中，我们将会逐一讨论核心圈领导者所面临的挑战，如离线如何影响领导者，以及领导者应该如何看待、分析与面对这些改变。

请停下来，反思下列问题

■ 您领导的团队属于什么类型？您的团队如何影响您的领导方式？

■ 距离远近对您团队的工作方式和您的工作效率产生何种影响？

■ 有员工在异地工作的模式对您的领导方式产生何种影响？

■ 哪种改变对您的影响最大？

第2部分

模 型

第四章

核心圈领导力模型

第 4 条法则：科学技术是工具，而不是障碍或借口

> 针对世界上所有的工具、技艺、科技，如果我们缺乏思考、没有有效地、谨慎地开发利用，那么都是浪费。
>
> ——拉希德·欧格拉鲁
> 演说家和训练员

艾伦一直以来都是一位成功的领导者。部分在家办公的员工通过移动客户端向他汇报工作。在此背景下，公司的组织结构也发生了转变，但是无论是艾伦的领导还是艾伦本人对此都缺乏深层次的认识。艾伦熟知所有的成员，了解所从事的工作，更懂得如何领导。当 IT 向他提供新技术时，他认为"因为已经配备了一切所需的工具，目前工作一切正常"。

鉴于此，倘若离线领导者的领导方式与传统领导方式并无显著差异，那为何他们又会感到更加孤独、更加压抑、更

第四章
核心圈领导力模型

加窘迫呢?

在与许多领导者进行深度交流之后,我们提出以下简易模型,即"核心圈领导力模型",如图 5 所示。

图 5　核心圈领导力模型

这一模型描绘了三个相互作用的动力设备,在它们的共同作用力下,核心圈工作不断推进。最大的动力设备是"领导与管理",这也是职业经理人的职责所在。其次,最关键的动力装置是"工具与科技"。只有正确使用"工具与科技",才可保证核心圈工作顺利开展。最后,最小的设备是"技能与影响"——能够有效利用工具的能力。尽管"技能与影响"是最小的动力设备,但作用却不容小觑。

下面我们将逐一分析。

领导与管理

"领导与管理"这一动力设备提醒我们,领导者的职责与过去一样,即应具备一定的领导与管理能力。鉴于金字塔尖的项目经理需要积累技能,领导者所应该具备的能力没有太大的变化:无论员工是在同一个写字楼中办公还是在世界各地工作,领导者必须具备这些能力。

凯文在他的著作《卓越领导力》中概述了所有领导者都应该具备的13种能力。为了增强领导力,领导者需要培养自己具有以下13个方面的能力:

1. 卓越的领导者持续学习;
2. 卓越的领导者拥护改变;
3. 卓越的领导者有效交流;
4. 卓越的领导者建立关系;
5. 卓越的领导者培养下属;
6. 卓越的领导者关注客户;
7. 卓越的领导者以身示范;
8. 卓越的领导者在思想上、行动上创新;

9. 卓越的领导者重视团队合作；

10. 卓越的领导者能够解决问题、做出决策；

11. 卓越的领导者勇于承担责任；

12. 卓越的领导者管理项目、保证项目顺利进行；

13. 卓越的领导者制定目标、促进目标的实现。

您可能会对以上13种能力持有异议，在能力的选择方面您可能有自己的看法，但是不可否认的是，具备这13种能力即可成为一名合格的核心圈领导者，无论您是否和员工在同一地点工作，领导者的工作不变。无论员工是身处附近，还是远在关岛，工作都需要人来完成。

而"您在这些领域的能力水平如何"又是另外一个时间点的另外一个问题。目前，我们仍然墨守数百年前的工作方式：在同一地点办公，进行面对面的交流。然而，事实是，工作模式已今非昔比。

区别点在于剩下的两个动力设备。虽然剩下的两个动力设备影响较小，但是并不代表无足轻重，正如常言道，"链条虽轻，却可撼动重门"。

工具与科技

位于中间的这个动力设备可能是离线领导的最独特之处。领导者除了具备先前提到的所有领导能力之外,还需要能够运用他们不太习惯的"工具与科技",其中的难度超出想象。

让一个美国人在英国开车,那么就等于让他冒着生命危险证实其中的难度。乍一看,都是开车,毫无区别,无外乎四个轮子、一个方向盘、一个发动机、一块挡风玻璃,这和在美国开车没有任何区别,实则不然,在英国,车子的方向盘在右边,遵循靠左行驶。

这些"小差异"导致了紧张驾驶和侥幸逃脱,此外,不仅仅是驾驶,步行也受到交通方向的约束。伦敦的街道都涂有带颜色的箭头,基本上都在说,"嘿,愚蠢的游客,公交车来自另一个方向——注意您行驶的方向。"这个小事例说明,一个细微的改变就能决定您是能拥有无忧无虑的假期,还是落得被送进急诊室的下场。

技术如何影响您的领导?每当您提出一个复杂问题但最终只能发送一封邮件时,或者当您希望开设一堂指导课程但最终只能勉强地进行电话会谈(您无法看到听众脸上的喜悦之情抑或惊慌之神）时，您就能清晰地感受到这种差异了。网络研讨会的发言缺少现场演讲的氛围，现场演讲时，台下观众的掌声能够让演讲者信心倍增。

这一动力设备提示了三个重要的问题：

· 您有哪些工具帮助您完成手头的工作？

· 您目前所采用的工具适合当前的工作吗？

· 您过分依赖自己所熟悉的工具吗？

与生活中常见的现象一样，使用错误的工具会降低工作效率，导致令人失望的结果。对于身负重任的领导者来说，使用错误的工具更是兹事体大，因为它可以使事情变得复杂化，但问题并非只此一个。

技能与影响

"技能与影响"的动力最小，概念最简单，也是最容易保持的，但同时也最容易导致最严重的问题。首先，您必须明确工作内容。然后，您需要选择适当的工具来辅助您完成工作，但是，如果您不能有效地利用您所选择的工具，那么再多的努力与愿景都是徒劳无益的。

请看下列数据：

·软件开发人员深知软件工具的普遍经验法则——软件功能的利用率仅为20%的人用到80%的软件功能。如果您不会使用所有的功能，那么即便您拥有像商务网讯或网络电话这样功能强大的产品，也难以迎接离线交流带来的挑战。

·麻省理工学院斯隆商学院的凯捷管理顾问公司的两项研究表明，相对于那些不会使用、不能够适应新技术的领导来说，能够使用并且熟悉技术的领导者在其他领导者能力领域的表现也颇为突出。然而，绝大多数的领导者是不能适应新技术或无法熟练地使用这些新技术的。

·在非正式的私人谈话中，许多知名软件平台工作的工作人员和经销商都向我们反映了一种情况：在具有网络会议工具资格证的人中，除了在线教程之外（许多人发现这些在线教程令人非常不满意），有2/3甚至更多的人从未接受过任何其他形式的培训或指导。

他们不但不熟悉自己所拥有的工具，也不懂得如何操作，这大大削弱了他们的公信力与效率。当今世界任何需要交流的人都要经历这一考验，而领导者需要面对的挑战更多。

·领导者通常比其员工年长、资历深，相对来说，他们较为排斥新技术，或者最初使用时感到难以适应。

·即使您想运用新科技，但是比自己的员工学得慢。

·问题在于，倘若您不使用这些工具，您就会落后，变得能力差，但是因为害怕表现得很无能、很窘迫，您又不敢采用新科技。

领导是一项艰巨的任务，一项很难超越的工作。领导者需要运用自己不熟悉、不擅长的工具以全新的方式工作。

接下来的章节将就传统的领导风格与当前应该采取何种思维模式、何种领导方式进行对比。对我们每个人来说，当今社会，领导的思维模式与行为方式都已发生变化。

请停下来，反思下列问题

■ 您能否适应领导力与管理动力？如果按照从 1 到 5 的五个等级（从非常没用到非常有效），在领导力的 13 个领域之中，您认为自己最擅长其中的哪个领域？哪些领域仍需提高？

■ 您能否适应工具与技术动力？如果按照从 1 到 5 的五个等级，哪些工具更有利于您更好地交流与工作？哪些起负面作用或者收效甚微？

■ 请回想一个您因为忽略或者没有使用某项技术而感到后悔的场景，当时的结果如何？为什么下一次您将采取不同的应对措施？

■ 您能否适应技能与影响力的动力作用？如果按照从 1 到 5 的五个等级，您认为自己使用交流技术的自信与能力达到几级水平？

■ 基于以上回答，您需要学习哪些技能，才能成为一名高效的核心圈领导者？

第五章

核心圈 3O 模型

第 5 条法则：领导需要关注成果（Outcomes）、他人（Others），以及自我（Ourselves）

> 伟大的领导者不是一定需要领导者自身成就伟大的事业，而是能够领导他人完成伟大的事。
>
> ——罗纳德·里根

康妮担任项目经理的时间不长。其团队成员遍布美洲各地。在她的带领下，工作有了明显的推进，但是她感受到了倍增的压力。虽然项目能在预算内按时完成，但是为了兼顾亚洲的利益相关者，她不得不把工作时间提前；此外，她需要把会议安排在孩子入睡之后；虽然团队工作进展顺利，但是她感到异常疲惫，脾气越发暴躁，担心自己哪天耐不住这种工作强度。"如果这就是领导的工作,"她问我们,"领导者能坚持多久?"

您如何定义或描述领导力?

多年来,凯文与多个团队开展了一项具有指导性、启发性的训练。受访者需要用6个词定义或者描述领导力。无论团队身处何地、无论团队的能力如何,他们对于领导力的理解有以下两个共同点:

· 成果(表达为"目标"、"使命"、"愿景",以及"成功"等字眼);

· 他人(表达为"影响"、"指导"、"交流",以及"建设团队"等字眼)。

值得欣慰的是,在不同地方生活、工作的人们对领导力的评价标准一致。虽然身为这一领域的知名专家,过去几年

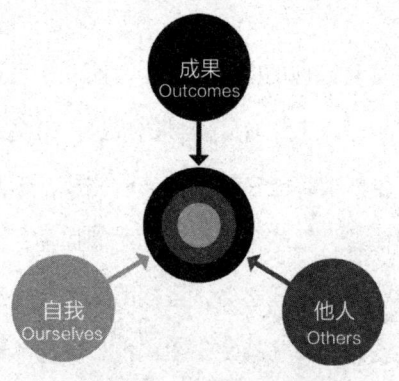

图6 核心圈3O模型

内开展的这项训练仍旧对凯文及其有关领导力的理论产生了深刻的影响。正是基于此番经验以及这项领导世界各地成员的训练，凯文提出了核心圈3O模型（见图6）。

如图6所示，核心圈3O模型涵盖了领导者获得最高成就所必须精通的领域。

·成果——以实现某个期望的成果为目标，您带领着团队成员前行。

·他人——您带领他人并且通过他人实现成果目标。

·自我——这一模型中不能缺了您自己。尽管这一模型与成果、他人相关，但是不管您愿意与否，没有您的参与，无论是成果还是他人都是空言无补。

在本章伊始的案例中，康妮对"成果"与"他人"极度敏感，虽然它们位居前两位，但是领导者只有注意模型中的"自我"才可率领团队成员取得目标成果。出于各种正面缘由，她并没有支持自己，这也正是她自信心不足与能力不够之处。

这一模型更加全面地呈现了我们在上一章中论及的核心圈领导力模型。

与其他所有模型一样，3O模型清晰地剖析了这种更加复杂的情形，能帮助我们采取最佳的思维模式与行动。我们相信这不单单是一种行为模型，更是一种思维模式。

想要成为一名卓越的领导者，在领导过程中，必须兼顾"成果"与"他人"。虽然"自我"在3O模型中占据核心地位，但是这并不意味着领导者就是领导力的核心，也并不意味着领导力的目的就是其核心。虽然领导者居于要位，但并不意味着一切工作需要围绕着他而开展。也就是说，领导力不是以领导者为中心。相反，您需要凭借您的领导者身份和领导方式努力帮助他人取得成果。这个模型旨在揭示：虽然领导者并没有出现在这个模型中，但整个模型的运作离不开领导者（许多人称领导者的角色为"服务型领导"。无论您是否使用这一描述，我们都坚信只有坚持不懈地服务他人、服务成果，才能成为一名成功的领导者）。领导力并不是指您本人，您的身份、您的信念、您的行为决定您成功与否。

以上我们从宏观上介绍了这一模型，接下来，我们将一一具体分析。

关注成果（OUTCOMES）

从最高层面看，组织的存在就是为了实现某种成果。虽然目前很多企业的使命都是对外保密的，但是我们更喜欢那些明确的使命宣言，因为这些宣言可以更加清晰地呈现要点。

麦当劳：麦当劳的品牌目标就是成为消费者最爱的就餐地。

谷歌：谷歌致力于整理全球的信息，实现信息共享、体现信息的价值。

当然，除了高水准的目标，我们还有其他各种类型的目标。销售团队有着明确的销售指标与产品组合，项目团队有着清晰的成功标准，包括时间、预算，以及尺度。

虽然有些人可能将此视为管理范畴，但我们却持有异议，实现成果是管理与领导的重叠区。毋庸置疑，除了把控具体的规则，领导者还必须关注成果取得的过程。

如果我们没有从领导者的角度关注成果（见图7），那么就是不尽职。

成果
outcomes

图7　成果

◎ 核心圈独特的"成果"

对于核心圈领导者来说，关注成果更加重要，也更加困难，具体理由如下：

· 孤立。离线工作的员工更容易感到孤独（离线工作的小团队的情况也是如此）。我们工作的地方影响我们的习惯、思想，以及关注的对象。这种孤立感会导致不同理念的小团体的形成。这些小团体各自为营，独立解决问题，独立运作项目。如果领导者没有及时给予指导，那么随着时间的推移，小团体的成员可能会忽略团队整体目标，只关注个体目标与主要业绩指标。为了自己的团队成员能够砥砺奋进（不论这些团队身在何地），领导者有责任帮助员工辩证地看待个体小目标与团队大目标之间的关系。沟通与树立共同目标对于核心圈领导者来说难乎其难。

· 缺少环境氛围提示。当参观一些实体组织时，您能充分感受到组织目标与工作重点。不管他们是否秉承"质量优先"、是否在通知白板上显示最新的安全数据、是否在每间会议室张贴公司的目标，共同的工作场所都提供了清晰的信息，时刻提醒员工秉承企业理念，而在家办公的员工缺乏这样的熏陶。

· （潜在的）信息再现率低。领导者需要不断地以不同方式反复重申团队或者组织的成果与目标，从而避免员工沉浸在自己的世界中。如果您领导的是一个矩阵型团队，而您只是名义上的负责人，团队成员分别向他们各自的领导汇报工作，那么员工更容易忽略团队整体目标。核心圈领导者的工作重点有一部分在于尽可能保证成员关注成果，可以运用在线手段以及其他科技工具实现这一点。领导者必须尽可能地督促团队成员牢记团队或组织的目标与宗旨。

关注他人（OTHERS）

领导者需要关注一系列的内容：
- 预算；
- 项目；
- 工作进展；
- 全新产品（或服务）开发；
- 销售；
- 客服；
- 利润。

我们确信在日常领导过程中，您也会关注以上列表中的内容，甚至远不止这些内容。虽然您需要兼顾这些方面，但是您不是唯一践行这些方面的领导者。

那么您是如何克服面对应接不暇的事务时不知所措的问题呢？

您关注的并非只有以上列举的几点，而是其他的方面——他人（见图8）。

图8 他人

比如，您可能会关注一些上文没有列举的内容，包括以下几个方面：

· 培训您的团队；

· 讨论优先权与项目；

· 雇佣；

· 新成员入职培训；

· 提供支持与指导。

核心圈领导还需要关注他人。理由如下：

1. 无论如何，您都不可能仅凭一己之力完成所有的事情。如果真的可以的话，那么也就没有成立团队的必要了，您也不可能成为所谓的领导。领导力涵盖成果，而这些成果是靠他人实现的。

2. 您的员工取得胜利之时就是您成功之日。关注他人，首先您必须对此深信不疑，必须笃信，当您服务他人的时候，您的个人需求也会得到满足、您的目标也会得以实现、您也会赢得他人的认可。助人是获得真正的、持久的胜利的利器。

3. 当您关注他人的时候，您也在培养信任。信任对于团队和组织的成功来说是一根有力的杠杆。当信任度高时，工作的满意度、工作效率也会大幅度提高。如果您想建立与员工之间的信任，您必须关注他们并且让他们感受到您的信任。

4.当您关注他人的时候,您也在建立关系。关系的疏密与彼此之间的信任度直接相关。随着信任的加深,关系也会更加亲密。融洽的工作关系能够提高工作业绩。您需要关注他人、倾听他人、关心他人。

5.当您关注他人的时候,您的影响力随之增强。领导者不能强迫他人工作,即使可以,这也绝非长久之计。影响力能帮助他们做抉择,而强迫他人会带来一系列不必要的麻烦。领导者不能控制人,只能影响人。试问自己:哪个人对自己的影响最大?谁能够体谅自己的需要与处境?谁能够给自己最好的?谁一贯支持自己?只有关注他人,您才能做到以上几点。谨记:影响力在于帮助他人做抉择,您希望的不是屈从,不是吗?

6.如果领导者能更加关注员工,您的员工也会更加奋进,这一点是毋庸置疑的。员工都愿意与那些相信自己、关心自己并且从内心关心自己利益的人一起工作,并为他们效力。

7.当您关注他人的时候,您就成功地做到了上面提到的几点。请回顾一下上文列举的几点需要关注的内容,当您开始有意地关注他人时,事情会不会有所不同呢?我们想表达的是,倘若您能够首先关注他人,您在其他方面的表现就会更出色,而并不是说您应该忽略或者完全无视前面提及的

内容。

提倡您首先关注他人的理由众多，但是以上的任意一点都凿凿有据。领导者本应辅助、支持、指导，以及帮助他人实现有价值的目标与成果，如果您能谨记这一点，关注他人以及他人的需求，那么您的组织、您的团队，以及您自己会取得更大的成功。

◎ 核心圈独特的"他人"

对于核心圈领导者来说，持续关注核心圈独特的"他人"更加困难，理由如下：

·眼不见心不烦。凯文给出了一个具体实例。几年前，玛丽莎加入我们的团队，与凯文在同一办公地点工作。他们之间的工作环境一直如此，直到她结婚（顺便说一下，玛丽莎的结婚对象就是凯文的儿子）搬到印第安纳州的南本德。南本德距离我们大约2.5小时的车程。她几乎每天都在离线办公（每月1次，她会到我们的办公室——卓越之屋完成部分工作）。除了工作地点的变化，其他都维持原样。对于凯文来说，在玛丽莎离线办公时，为了帮助她成功，凯文需要投入更多的精力，提供她所需要的资源与支持。虽然工作完成了，但是也耗费了凯文大量的精力。

令人欣慰的是，8个月之后，玛丽莎的丈夫（凯文的儿子，一直与我们共事）在印第安纳波利斯谋得一个新的职位。现在，她自己也已经重回职场。无论工作场所在哪，玛丽莎的工作都很出色。凯文帮助她制定清晰的目标、定期检查、有效利用网络摄像头，以及其他工具。现在，她进步迅速，越来越独立、坚强，这意味着对于凯文来说，亲自指导、支持、关注玛丽莎更加容易，这是毋庸置疑的。

· 您的设想胜出。领导者会有意无意地对自己的员工产生这样那样的设想。如果您假定员工都能认真工作，就不用过多地关注他们。当员工不在您眼前时，您推断一切工作都在顺利开展，那么无论他们在何地工作，您就不会像平常那样跟他们沟通。如果您认为，员工需要帮助或支持时会联系您，或者没有好消息就是最好的消息，再或者您担心员工会把您的例行检查误解成监控，那么您的缺乏交流与关心，就会被误解为缺乏关注他们，不论您是否愿意。核心圈领导者必须准确地安排好交流的时间与地点。

· 即使您关注他们，他们知道吗？在与现实的角逐中，直觉一贯胜出。如果您的员工没有察觉到您很关心他们、期望他们成功、信任他们，那么您的殚精竭虑和良苦用心都是枉费。凯文一直说，"员工更加在乎领导的行为而不是他们所说的话。"离线工作的员工无法目测领导者的行为。如果您真的关心他人,就需要不断地努力通过自己的行为说服对方。

领导力的最大矛盾在于它与领导者毫不相干,正如前文提及的那样,从根本上来说,领导力与成果、与他人相关。

您的身份、信念和行为对工作效率有很大的影响,这也是大多数我们所调查领导者和您正在面临的最大困难。

关注自我(OURSELVES)

"自我"(见图9)在这个模型中最小,虽然这个模型显示,某种程度上应该首先关注自我,但是自我必须被排在最后,或者正如前文提及的,领导者在领导力中处于核心地位,但却不是领导力的中心。

图9 自我

**领导力的最大矛盾在于它与领导者毫不相干,
正如前文多所说,从根本上来说,领导力与成果、与他人相关**

您可能阅读过全国橄榄球联盟球星盖尔·赛耶思的自传

《我是第三》（不知您是否曾经观看过《布里安之歌》这部电影。这本书是这部电影的推动力。如果您没有看过这部电影，强烈建议您观看这部电影，并且多准备些手帕纸）。《我是第三》的书名取自他的朋友布里安·皮科罗的一句台词，"上帝第一，家庭第二，自我第三。"虽然我们的处境各异，但原理是相通的。如果抹去您的身份和您的领导方式（自我），您将"自我"视作第三，就能够以最好的方式服务于他人，取得最佳的成果。

您可能同意以上的内容。我们仍需要进一步说明。有些人可能认为这事关乎于"我们的行为方式"。鉴于领导者的成功形式多样，您可以拥有独特的领导方式。这虽然没错，但也只是冰山一角。

您的领导风格受到您的人格特征影响，成功的领导风格多种多样，我们认为您应该勇敢地做自己，但这不应该成为您故步自封的借口，您需要不断评估自己的工作重点、提升技能、发展自我。

领导者的核心内容是领导者的信念与关注点，这些决定您的行为，包括您与团队相处的方式、您在团队中的影响力，以及团队成员对您的指令的执行情况。

◎ 核心圈独特的"自我"

无论您的员工在何地工作，您的身份和领导方式都尤为重要。但是在实际的领导过程中，这些都很容易被忽视。相较于您的身份和领导方式，您的信念与设想更为关键。具体如下：

·设想（再次）。对于如何开展离线工作，您可能会有自己的想法。我们可以提供数据证明离线工作者的工作效率更高。如果您不相信这一点，或者您认为员工会在上班时间从事与工作无关的事，那么您的行为是建立在设想而不是事实的基础上。您关于您的团队成员的设想会影响您的领导方式。如果您的员工都在他处工作，那么您几乎没有机会验证自己猜想。道理很简单，您无法通过足够的证据改变自己的猜想。您也可能设想自己对员工的要求，以及您对于时区和会议时间的调整接受范围。这也是康妮的问题所在，她误以为可以通过自己更加努力来解决问题。您必须要通过事实验证您对自己和员工的设想，根据事实不断修改自己的假设。

·目的是重要的，但还不够。整本书我们都在讨论应该精心设计每一件事。然而，能否精心做好每件事的关键在于您打算做的事与您所做的事之间的差距。研究表明，人类并不擅长进行自我评估，其中一部分原因，是因为我们评估的对象并不是我们实际完成的事务，而是我们能够做到或者打算做到的事情。而他人则不同，他们通过我们的行为对我们进行评估。就领导离线团队而言，由于缺乏互动，或互动的内容不够丰富、有效，您的团队成员难以感受到您的良苦用心，甚至当您未能满足他们的需求时，他们的思维会变得极端消极。他们不了解您的举步维艰，或者您被困在得梅因机场的无能为力，只断定您又一次失约了。

・下定决心。本书提供一些能够显著提高领导能力的途径。注意：只有当领导者决定行动时，这些途径方才奏效。领导者必须坚定地完成这些反常的事，必须更加关注团队成员，并且不辞辛劳地给予他们支持、满足他们的需求。只有您下定决心做这些事时，才可以做到以上几点。

多模型融合

我们率先承认其他领导力模型。事实上，我们在本书的其他章节也提到凯文提出的有关卓越领导的13种能力，这些优秀的模型介绍了何谓核心圈领导和如何开展核心圈领导的问题。我们所提出的3O模型超越其他一切模型（或

者您所在组织的能力模型），它能为您提供审视其他模型的新视角。

无论能力高低，最卓越的领导者都是能够在 3O 模型中灵活地处理工作重心与活动的。3O 模型也是领导力的关键所在。这一模型为其他章节奠定了基础。接下来，本书会分章节介绍这三个模型，通过 3O 模型的三个方面为您提供具体的方式，从而增强核心圈领导能力。

请停下来，反思下列问题

- 在您看来，领导需要取得的最重要的成就是什么？
- 离线工作对您和您的团队的工作产生了怎样的影响？
- 在您看来，关注团队内成员的最重要的途径有哪些？
- 离线工作如何影响这种关注？
- 您怎样看待领导者这个角色？
- 核心圈领导如何影响您的信仰与行为方式？

第3部分

成　果

介 绍

切勿把活动当作成果。

——约翰·伍登
篮球名人堂教练

劳尔刚刚升任一个软件工程师团队的领导,与自己的大多数团队成员一样,劳尔在家办公。劳尔的经理由于长期在办公室工作,唯恐员工偷奸耍滑,屡次向劳尔确认,"您是如何确保他们都在工作"或者"您是否百分之百确认他们都按时保质保量完成工作"。劳尔虽然很信任自己的员工,但是当自己并不能目睹员工的工作状态,却要说服上司相信工作一切进展顺利时,劳尔感到十分受煎熬。

领导者需要实现理想的成果与帮助离线团队实现的成果稍有不同,接下来我们将从这一方面展开讨论。

纵观我们的调查对象,无论是刚刚担任新角色还是勉强完成工作的,他们都会问到下列问题:

- 团队正在做什么?
- 是否取得了成果?
- 是否有心猿意马?
- 是否工作太饱和?

让我们深呼吸、放轻松，逐个分析这些问题。

团队正在做什么？

既然您无法知道离线工作的员工的工作状况，又是如何了解在您身边工作的员工的工作情况呢？难道是因为您每天都监视他们？（倘若果真如此，您应该从头阅读此书。）在不了解您的领域员工工作内容的前提下，我们很难拿出具体解决方案。但是在隔壁办公室工作与在邻国工作有何区别？凯文与他的一位客户聊及这个问题时，这位客户赞同凯文的观点，并且讲到自己所熟知的一位员工，虽然这个员工从未缺勤，但是每天都在工作时间淘优惠券，他们都是在办公室工作，表面看起来似乎每天埋头工作，但很明显没有取得任何实质性成果。因此，领导者没有理由把工作低效推卸到离线工作上。

是否取得了成果？

回答这个问题是您的一项工作内容，也是您作为领导者、管理者的职责所在，难道不是吗？这个问题与员工在何地工

作无关，事实上，探求这个问题就是在考虑下面这个问题。

是否有心猿意马？

事实上，离线团队比您或者在您眼皮底下工作的成员要更加专注。《哈佛商业评论》等权威期刊显示，不在办公室办公的员工的工作效率更高。这其中有些是基于好的一方面（工作时不会经常被打断），也有不好的一方面（他们的工作时长通常更久）。

如若您不认同这一观点，请反思一下您的个人经验。在办公室工作时，您的日常工作会受到多少干扰？这些干扰有多少是因与您在同一个地方工作的同事引起的？无论是您还是您的离线团队，同样都会受到这些非人为因素的干扰，但是他们受到的人为干扰因素没有您受到的多，虽然您的团队可能存在一些人很难适应离线工作（培训机会，而不是控诉每个人都需要离线工作），研究表明大多数员工在大多数时候工作效率都较高。

是否工作太饱和？

这可能不是您所提出的问题，但却是您应该问的问题。针对离线工作的员工（尤其是在家办公的员工），这个界限很难限定。由于手机等设备触手可及，可以晚上查收邮件（约旦的约西亚可以使用这个，我现在即将回答）或者晨起检查邮箱，这一点您能够理解。然而事实上，这往往导致一个恶性循环。玛丽想要给领导留下勤恳的印象，所以她每天晨起后就立马回复邮件，晚上等把孩子安顿好就立马入睡，毫无疑问，她的工作量较多，因为她投入的时间较多。可是，这真的是您的初衷吗？

领导需要了解员工是真的在卖力工作，还是会做与工作无关的事，这对于混合团队（有些员工在家工作，有些员工在办公室工作）的领导者是一个尤为重要的问题。比如，办公室中吉娜观察到乔治在不断地发邮件，她可能决定把电脑带回家工作。相反，当乔治晚上8点开始工作时，办公室其他员工下午5点已经下班了，乔治可能会怀疑其他员工消极怠工。

在本书的第5部分，我们将会探讨自我管理的问题。设定期望与界限时，务必围绕期望的反馈次数、工作时长，以及周末加班等问题展开。

解决真正的问题

如果您饱受这些问题（或者诸如此类的问题）困扰，那么可能的理由有如下三个：

·您关注的是活动而不是成果。考虑一下，究竟是员工工作的时间与努力程度重要，还是他们保质保量地完成工作重要？无论如何，我们追求的应该是成果，不是吗？然而，上面的问题侧重于员工工作的内容与方式，而不是他们是否尽心竭力地完成工作。领导者的关注焦点需要做出重大调整。即使您理论上认同这一点，具体实践过程中还是会遇到很多阻碍。虽然凯文坚信领导应该以成果为准绳，但是也会时常落入"关注过程"的误区。虽然他很少给团队成员设定标准化的工作时间，他本人却可谓夙夜在公。当员工工作时间比自己更长时，凯文就会感到失落。每当这时，他就会提醒自己最关键的是圆满地完成工作，而不是庸人自扰。只要文件是在周五会议之前完成，上午9点完成与下午6点完成二者之间没有任何区别，领导又何必自寻烦恼呢？领导者的职责在于帮助员工在指定的时间范围内圆满地完成指定工作，所有领导者务必要谨记这一点。我们应该正视这个我们常常视若无睹的问题：只要员工已经完成手头的工作，并且没有给组内其他成员的工作带来任何干扰，哪怕他在工作日洗衣服又有何关系呢？

·您认为自己会受到干扰，所以您猜想其他人也是如此。您个人可能不习惯在家工作那种孤静的氛围，需要开车赶到公司的紧张体验。倘若真的如此，也没有关系（您可以程式化您的工作，每天早出晚归地上班，从而克服这些焦虑），但是绝不能因为您现在或者曾经不适应在家办公而推导出"其他人也不适应在家办公"的结论。

·您的理念是"领导不在，工作就会一塌糊涂"。如果您认为员工只有在被监视的条件下才会认真工作，那么您在领导过程中注定会遇到很多问题，尤其是要领导一个离线团队。您是不是认为，如果没有您的监管，员工就会消极怠工？请谨记：只要员工能够按照要求完成工作，员工做什么是他们的自由，切勿事无巨细。

此外，更重要的一点是：

·您的控制欲较强。以上所讨论问题的共通点在于，如果您对于自己能够成功地领导一个离线团队的自信心不够，那么您可能就会遭受控制欲的折磨。如果受到专业的培训、拥有所需的工具与资源，再加上领导者的支持，员工肯定会取得成功。如果您控制欲强，凡事都想过问（如果您一直得到这样的反馈，那么您就会事无巨细的让人压抑，虽然您自己可能认为并非如此），那么您的离线领导可能会进展不顺。

如果您赞同上文列举的所有情况，我们建议您采取以下措施：

· 共同构建过程。工作辅助、过程、清单，以及帮助员工完成工作的模板对于离线工作的员工来说尤为关键。因为他们无法通过观察其他同事的工作来学习，所以这些因素决定他们工作的成果。员工了解工作流程之后，参与度与成功率都会相应地增加，服从率也会变得更高。同时，了解工作流程能够帮助员工了解自己工作的进展与水准。换句话说，他们能够有效衡量自己与其他员工的工作进展与成绩。

· 设定清晰的期望。业绩的指标、评价标准应该建立在大家一致认可的基础上，工作的指标也应该清晰。如果员工知道其他同事上班时都在一丝不苟地工作，那他们吸烟打发时间的现象将会减少。同时，如果员工们能够参与规章制度的制订，就会更加遵守规则，变得更加优秀。对于项目团队更是如此，因为他们需要彼此交流。相反，对于销售团队来说，每个人似乎都在独自打拼。制订清晰的期望有助于增强团队凝聚力，避免员工怀疑领导偏袒某个员工。

·改变自己的信念。多关注最新研究、多思考，您就可以提升自己在那些不在办公室内工作的员工的效率问题上的见解。他们的工作效率应该是很高的，尤其是当您采纳了我们的建议之后。

·降低您的控制欲。我们也清楚知易行难，所以提倡尽可能多地思考哪些方面可以加以潜移默化的影响，而不是考虑在哪些方面可以加以控制。确保员工掌握必备的技能、接受必需的培训、提供反馈、鼓励用功，为员工准备成功必备的资源与工具，然后就让他们奋斗。除此之外，请跟着我们一起大声说出来：放开手。

第六章

成果的类型

第 6 条法则：成功的领导需要实现多样化的目标

拥有明确目标的人才会成功，因为他们方向感清晰。

——厄尔·南丁格尔
作家、电视台主持人

安吉拉领导的是一批在家办公的客服代表，他们每个人都有自己的工作指标，如每天的来电数量、多少问题在第一来电时就妥善处理、哪些问题需要经理才能处理等。公司鼓励员工分享自己的经验与最佳案例，帮助每一个员工快速找到自己最需要的信息。然而，安吉拉注意到，虽然每个人都能够完成自己的工作指标，但是很少有人使用共享文件网站，也几乎没人去回答其他人的提问。因此，虽然工作的目标都达成了，但是团队的交流并不理想。因为从前所有客服代表在客服中心一起办公时，并未出现过这种情况，所以安吉拉目前也束手无策。

"领导力有关成果",这句话说起来(或写起来)是一回事,但就执行层面来看,不够具体,没有多大意义,毕竟每个组织需要取得的成果类型多种多样。离线领导者需要时刻思量如何帮助自己的团队取得所有这些成果。

我们建议,在阅读本书的过程中,不断回想自己日常的领导行为并与之对比,切勿仅仅停留在赞同我们的观点的层面,反思自己日常领导过程中对这一领域的关注度,以及您与自己团队成员的谈话涉及这些成果的频率。

组织的成果

您所在的组织存在的理由很多,但是倘若您和您的团队对此缺乏深刻的理解,那么结果可能大失所望。根据组织的大小不同,您可能需要参与设定组织目标,或者可能有责任帮助您的团队理解并实现这些既定目标。

比如,您在一个较小的组织中工作,可能需要出席组织年度目标的制定会议。在这种情况下,您需要充分理解(并致力于)这些目标。如果您是一个世界 500 强公司的经理,那可能面对这样的问题:虽然制定目标时您可能并不在现场,但是依然需要充分理解这些目标,并与您的员工就这些目标进行深刻探讨。

无论如何设定这些目标,也不管设定者是谁,这些目标都必须十分明确。只有这样才能帮助您的团队成员(个体上以及集体上)顺利地实现这些目标。您的组织规模越大,您与组织的全部目标之间的中间环节就越多。不管中间有多少个层次,您都有责任理解这些目标,并且通过交流使得您的团队朝着目标奋进。请考虑下列问题:

·这些目标有多清晰?
·您多久想到他们一次?
·您的团队多久探讨或回顾这些目标来跟踪工作进展情况?

团队的成果

组织的大目标能勾勒出组织的发展方向,但这对于您的团队可能较为遥远。您的团队需要实现具体的团队成果。虽然您在组织目标设定过程中的角色取决于您所在的组织的规模大小和其他变化,但是在团队层面上,您需要承担起这份责任。根据我们所合作过的各种大小规模的团队来看,团队目标大多较为模糊。理由如下：

· 它们都是设想中的——"每个人都知道我们的目标。"

· 它们过于模糊——"做出产品"并非真正意义上的目标。

· 它们没有被经常回顾——"去年12月，我们在年会上讨论过这些话题。"

当您的团队在同一办公场所办公时，您可以听到员工们的对话，偶尔插入他们的讨论。总之，明确工作目标的途径多种多样。当团队成员的工作多以自我为中心，您宣扬团队目标则较为困难。员工必须了解自己应该如何圆满地完成团队任务、取得团队成功。反思以下问题：

· 您团队的目标有多清晰？
· 考虑这些目标您花了多长时间？
· 您所有的团队成员都了解这些目标吗？
· 是否标记出存在困惑之处？
· 您多久回顾一下进展情况？

个体的成果

员工需要明确自己的工作任务、工作目标，以及成功的标准。虽然个体是团队不可分割的一部分，应以团队目标为准绳，但仍需要有自己的目标。从竞技运动的角度来看，团队需要牢记组织的成果目标（荣获冠军）、团队的成果（输赢），以及部分团队结果（进攻、防守或小分队）。每个运动员也需要确定自己的目标（由个体成绩或数据衡量的个人目标）。除了短期目标之外，员工们必须从凌驾自己的角色的角度考虑个人的职业发展。领导者也需要积极参与这一过程。

领导者必须关注团队与个体业绩。大多数情况下，离线团队成员只关注个体目标，很难开展有组织的合作。领导者需要意识到这一点并且增进离线团队成员之间的交流。请谨记，离线工作好似独自在一座岛上生存：没人会与您互动，除非您精心安排。在缺乏明确、清晰的目标的情况下，个体容易忽视团队目标，忘记自己的角色，这就是需要电子表、局域网、在线管理系统等工具的原因。这些工具能够不断提示离线工作者关注团队目标、组织目标。

此外，在某一地区工作的团队成员可能容易忽视在其他地区（在办公室、在各自地区）工作的同事的个体贡献、个人角色，以及个体目标。在对他人工作情况不知情的前提下，他们很难理解对方的问题，甚至会误以为对方很闲或工作轻松，而缺乏了解可能会导致团队分裂、沟通不畅、失望与冲突。

领导者有责任宣扬员工的优秀业绩，帮助员工建立彼此的信任，即使您工作再繁忙，执行过程再困难，这都是核心圈的离线领导者必须直面的挑战。

核心圈的离线领导者不仅需要确保自己的离线团队成员了解其他团队成员的角色与工作目标，还需要明确核查团队成员的目标实现情况的频率，从而避免团队感觉自己"被遗忘"或者"被严格监管"的情况出现。

其他成果

任何类型的组织中所有领导务必意识到成果的重要性。我们已经讨论过需要实现的成果，但却尚未提及一些更加具体和可以操作的成果类型。

一提到成果，大家可能会联想到结果。有的领导者可能称成果为目标。目标的作用是不可取代的。在接下来的章节中，我们将主要探讨如何帮助核心圈的离线团队设定目标。结果目标只是我们即将探讨的一种成果类型。根据日常工作经验来看，期望比目标更加重要。

期望不只是宏大的目标或需要发生什么，还涉及如何完成工作：一起工作的规则，彼此支持、互相帮助的方式，您

将用到的工具,以及何种良好的交流。

可以肯定的是,彼此理解的、一致同意的期望是成功的必要条件,这才能成就一个更加成功的您(更加沉着、轻松)。换句话说,明确期望能够提高员工成功的概率。与此同时,上面所提到的成果实现的概率也会相应增大。

初创工作室时,凯文经常让员工了解学习的目标与期望。员工需要写下自己的想法并与他人分享。在之后的工作汇报时,工作组会辨别出汇报中的期望要点并直接应用到工作中。

- "期望"使得工作更加清晰。当您将"期望"写下来的时候,"期望"会更加清晰。您是将您对团队成员的期望写下来,还是只是停留在思维层面?

- "期望"突出焦点,决定优先权。"期望"帮助员工明晰首要的工作任务。您的员工是否会与您在工作的首要重点或在其他方面上存在分歧?

- "期望"提供情境。口头分享期望帮助员工彼此了解"期望",有益于消除筒仓效应(亦称谷仓效应)。您是否与您的员工探讨过他们的"期望"?

- "期望"必须取得公开一致的认可。除非明确约定,否则员工难免各行其是。成员间互动越少,彼此之间的"期望"就更容易东趋西步。请谨记,在没有商讨的情况下发送的邮件并不能真正解释清楚问题。

如果您的团队成员并不知晓团队目标，那他们怎能实现您的期望呢？

在您认为团队每一个员工都应该了解您对他们的期望的情况下，我们想问您另外一个问题。

在阅读本书的过程中，您是否联想到某位您特别想改变其工作方式的员工？您阅读本书的一部分原因是不是为了能更有效地领导某位员工？

倘若如此，反思一下这个问题：他们是否真的明确您对他们的期望呢？可能与凯文工作室的情况一样，如果他们并不知道您的期望，那怎能奢望他们不辜负您的期望呢？

对于领导者来说，最重要的一件事就是与团队成员共同设定清晰明了的期望只要可以做到这一点，您就可以提高员工达到目标业绩的可能性，且对于取得成功和提高成员自信心的促进作用不可估量。

对于领导核心圈团队来说，做到这一点（如果可能的话）更加重要，因为团队成员都身在外地，由于缺乏交流，领导者难以指导他们的工作，设定期望值。根据我们的经验，即使团队成员在同一办公地点工作，领导者与团队成员共同设定清晰明了的期望也很难。无论您的团队离您多远，都建议您多投入时间，帮助他们明确您的期望，提供一个更加清晰的愿景图，从而帮助他们成功。

请停下来，反思下列问题

- 您组织的成果是否清晰？
- 您团队的成果是否清晰？
- 每个团队的个体成果是否清晰？
- 您团队内部的期望是否清晰？
- 如果不清晰，您何时才会明确这些成果？

第七章

设定并实现目标

第 7 条法则：重视目标的实现，而不仅仅是设定目标

设定目标并不是最主要的事。确定目标的实现过程且矢志不移地坚持目标才最为关键。

——汤姆·兰德里
名人堂足球教练

弗兰克担任销售经理已经五年了。在他的团队中，大部分员工除了陪客户之外，基本都在一起工作，只有几位一直在家办公。但在过去的一年里，他的员工不经常上班。虽然他的最佳员工在奋力完成配额，多数员工都超额完成任务，但他注意到新员工正在苦苦挣扎。即使弗兰克陪伴新员工的时间更多，也没有太大效果，因为他们没有从过去的经验教训之中获益。虽然团队的总业绩完成较好，但是他耗费了大量的时间管理单个的销售人员，没有时间进行战略规划，导致过去的目标形同

虚设。如今，他需要投入大量的时间设定目标。

我们认为，有关目标设定的资料的观点差距很大。随便拿起一本有关"目标设定"的书（可能是书架上一本尘封已久的书），您都会发现里面详细罗列了设定目标的步骤。然而，罗列设定目标的步骤并不是问题所在，问题在于大多数书籍并没有告诉您应该如何实现您呕心沥血设定的目标。

这一点在组织和团队层面上处处都有体现。明确年度目标设定的截止日期后，各成员的工作重心转到目标的设定上，会议时间被安排在任务完成的时间点。在目标完成，再次投身工作之前，团队（以及领导者）可以放松庆祝，9个多月之后，这一过程会再次重复。

组织所面临的问题折射出这些书籍的漏洞：它本应该关注的是如何实现目标，但它的关注焦点却在目标的设定上

如果您发现您的情况与上文描述的一致，那么有好消息告诉您：您可以改变——当您做出改变时，您的团队即可迅速取得更好、更持久的成果。

既然已经分享了我们的观点，接下来让我们谈谈如何在离线环境中设定有效的目标，以及如何更有效地投入时间来实现目标。

设定离线目标

"SMART"是一种大家都喜欢并使用的记忆法。在记忆过程中,不同的人会使用不同的方式(以不同的单词表达)。"SMART"记忆法具有以下几个特征:

- 具体的(Specific);
- 可测量的(Measurable);
- 可行的(Actionable);
- 务实的(Realistic);
- 时间驱动的(Time-driven)。

正因为"SMART"蕴含这五大特征,才被广泛使用。如果您所设定的目标具有这五大特征,那么实现这一目标的可能性就大大提高了。

根据我们的经验,其中有两个特征是最难掌握的,也是工作中最难实现的:使目标可测量,并确定现实标准。接下来,我们将一一讨论,并且明确您在离线领导时的一些细节问题。

量化目标

有些目标容易衡量。如果您领导的对象是销售人员（无论是否是离线人员），那您无须担心目标的量化问题，因为销售指标是一个明确的标准。根据销售量，您就能够了解自己团队的工作进展情况，知晓自己离最终目标的距离。许多工作具有容易测量的目标，有些工作则没有明显的或有形的目标。遇到这种情况，您必须努力量化目标。

为了量化员工的工作，您可以对他们的努力与贡献进行量化，需要考虑的内容如下：

- 这项工作的量化成分有哪些？
- 时间因素如何影响这项工作？
- 这项工作的质量由什么决定？

谨记：您可能因为无法看到员工每日的工作状态而产生焦虑。如果您能量化他们的工作目标，这种焦虑也会得到缓解。虽然清晰的衡量办法很重要，但是对于离线工作团队来说，具体的衡量指标更为关键。离线员工通常按照个人的速率工作，他们往往会设定宏大目标，等到发现走错方向时，却已经耗费了大量的时间。他们自己可能也感到举步为艰，只是羞于承认罢了，或者他们工作的前提就是错的，是与原定计划背道而驰的。

韦恩称这样的情境为歪心狼时刻。在经典动画片《BB鸟和歪心狼》中，歪心狼一直跟在BB鸟后面追，最后自己跌落悬崖，看见歪心狼跌入峡谷，观众可能捧腹大笑，但是歪心狼的感受却截然不同。对于您的团队成员来说，当工作开展许久之后突然发现需要重头返工，这绝不会是什么值得开心的事。所以，经常性地有意地检查工作进展情况的作用是巨大的。如果您知道玛格丽特的工作正在稳步进行，就可以稍作放松。如果您知道已经逼近截止日期，但是鲍勃的工作尚未完成，那可以检查一下他的工作，询问其是否需要帮助或者是否缺少资源。

虽然这些问题有一定作用，但是它们并不能量化所有工作的所有部分。

联想到我们的销售经理弗兰克，他当然知道自己的销售员打出了多少业务电话，约见了多少客户，但是他是否了解销售人员彼此之间沟通的频率呢？分享最佳经验又是否是团队的目标呢？最佳销售人员是否会针对Q&A网站的问题进行解答或者是否会尽心教导弗兰克安排给他的新徒弟呢？

目标的类型

我们已经讨论了员工的工作内容与工作方式。大多数人认为目标即是我们之前提到的结果目标,但是这无法反映员工的工作进展。换句话说,结果目标并没有反映员工的工作过程(或过程目标)。如果您依旧为不在办公室工作的员工的工作状态而担忧,那么,以下几种目标类型有益于改善工作情况。

◎ 杰瑞·宋飞策略

上网搜索即可找到杰瑞·宋飞的目标实现策略。这一理念非常可靠有效。

理念很简单:如果结果目标是变得更加搞笑滑稽,那么过程目标就是每天都创作新的笑话。杰瑞鼓励年轻喜剧演员制订全年计划,并要求把计划张贴在他们自己能够看到的墙上。

之后,杰瑞让他们每天只要创作出新的笑话,就用红笔标记一下(X)。目标就是每天都能够有(X)。

我们能够证实这个策略的有效性。一旦您考虑到这个策略,就会在许多场合注意到它的存在:

- 目前众多有关习惯的 App，如 Lifehacker 与 Productive 都具有这种日历功能。

- 这种活动测量是游戏中的重要工具，如让活动与学习游戏化。

- 这一策略与一些戒瘾组织（如匿名戒酒会、匿名戒毒会等）的相关性很明显。

或许，（X）就在在线记录板上（比如 Sharepoint[共享点]、内联网、项目管理软件等工具），总之在您和您的离线团队成员方便接触，容易看到的位置。（X）可能每周向员工或者领导者汇报一次最新工作进展，又或者你们一对一（稍后会详细介绍）就这些问题进行商讨。参照您所处的情境、工作的属性，以及团队成员来决定您的领导目标（哪些可以作为过程性目标）。当您弄清楚这些时，您就能够拥有更多可量化的目标。

◎ SMART 目标策略

我们听到有关 SMART 目标的问题还有，"您是如何确定某一目标是务实的呢？"我们所说的"不务实"指的是：

- 目标是力所不能及的。
- 目标不能设定得过高，让人难以置信。

一个务实的目标能够使您全力以赴，您可以拟定一个符合客观实际，有望实现的目标。

如果将一根有弹力的橡皮筋搁置在桌子上，那么它只会是一根百无一用的橡皮筋。如果一直扯拉这根橡皮筋直至超出它的弹力极限，那么它仍是一无用处的。这就好似灌篮目标——过高的目标毫无益处，甚至打击我们的积极性，但是如果适当地拉伸这根橡皮筋，那么它的弹力会引领我们朝着弹力的方向前进，这就是关于有益的、务实的目标的隐喻。据此，设定适当的目标尤为关键。

与染金发和喝粥一个道理，太冷或太热都不好，不热不冷最好。

我们期望能够就"何谓务实"或者"何谓恰好"问题给出肯定的、具体的回答，认为具体情况具体分析，相信优秀的咨询公司都会这么做。

"务实"取决于哪些因素？

·以往的表现。如果您的团队成员去年完成了4个项目，那么5~6个的目标较为实际，而10个则不行。如果您有一个团队成员去年完成了9个项目，那么目标10个则是板上钉钉，而13~14个的目标效果更佳。

·自信心水平。自信心在成功中扮演重要角色，如果您的团队成员自信心不足，或者仅仅对这项任务不自信，那么在设定实际目标的过程中您应该考虑到这个因素。虽然这不是工作低效率的借口，但是领导者有责任帮助自己的员工重拾自信心、突破自我，从而帮助员工取得更高的成就。

·近期的发展与技能提升。员工如何提高自己的技能。如果他们最后一个季度的业绩比前3个季度的业绩完成得好得多，那么年度目标应该参考最近的业绩表现，而不是全年的业绩。

·世界观。愤世嫉俗的人和眼红的人往往自信心不足，他们倾向于较低的目标，因为他们更容易注意到障碍、陷阱，以及潜在的负面影响，这是一个不容错过的教育机遇，但是您必须谨记，员工的个人信仰会影响他们的"务实"标准。

几点建议

以下建议有助于使得团队成员的目标更务实。（这是一个完整的集体设定目标的过程，同时也可以帮助设定务实的目标。）

·提供所需的信息。确保团队中每一个成员知晓今年的目标、组织的下一年目标，以及所设定目标的重要性与优先权。

·期待参与。让员工知道（尤其当这对于他们来说是一个新想法）目标是征得大家一致同意的，让员工在讨论前做足准备，保证出现在网络摄像头之前准备充分。没有视觉信息，您无法注意到他们脸上的忧虑，也无法看见他们充满失望的肢体语言。谨记：服从并不等同于认同。

·首先了解员工的想法。如果您希望员工投身于务实的目标，那必须与其沟通，交换意见。沟通时，如果上司率先发言或者主导谈话，那么这就不是谈话。如果员工对于目标尚未思虑周全，那么您最好再次重申工作需求并表达您对大家会前充分准备的期望，而不是首先表明自己的立场。一定要注意腾出足够的时间，这不比喝咖啡闲聊，虚拟的氛围中唯恐浪费时间的心情更明显。员工不仅需要优先考虑这个目标，员工也需要充分地证明这个目标的重要性。

·必要时，完善您的想法。如果您希望所有员工都能心怀这些目标，那么这些目标应该是员工的目标。但是如果他们设定的目标过于简单或者偏离组织的需求，那您可能需要在征求员工的意见后帮助他们调整目标，因为这样能让他们意识到，对于你们双方来说，目标都应该更高，确保通过谈话增强员工实现目标的自信心。赢得认同并不代表您只能默许他们设定的目标——毕竟您才是领导者。

·赢得认同。一旦你们设定了每位成员都接纳的SMART目标,那么你们实现目标的可能性最大。如果没有获得真正的认同,您获得的只可能是员工的理解或顺从。即使如此,也值得花时间好好探讨。

目前为止,我们探讨的对象为个体目标,但是其同样适用于团体目标。无论整个团队是否参与这场讨论,或者您是否使用网络会议工具,过程都是一样的。凯文每年都会采用这一基础方法设定公司的收益指标。想要获得全体成员认可的目标应该源于拥有所需信息、引发有关目标话题讨论的员工。如果凯文以上司的身份提出目标,那么为了解员工意见,当他询问"你们怎么看?"时,他通常会得到下面的回答:

·不赞同,因为未来的道路不清晰。

·默从。员工虽然默许目标,但是他们并不是真正认同目标,也不认为目标多是务实的。再次强调,顺从并不等同所有权。在缺席会议的情况下,您会错过许多有助于您看清形势的视觉和非言语的线索。

使目标务实,这一点很重要。当目标获得您和其他相关人员的一致认可,指导并激励你们的工作时,您就会领略到目标的务实性所带来的强大影响力。

提前准备

我们已经提到过，大多数时候，我们工作的重心（组织层面和个人层面）放到了设定目标而不是实现目标上，克服这一问题最简单、最可行的方式就是将目标设定和目标规划的过程联系起来。

目标设定初期，精力、热情，以及目标清晰度三方面最为突出。一旦设定了目标，便可投入时间规划目标的实现过程。

如果领导者和员工一起设定目标，那可能并不想立即进行规划（但是如果你们迅速达成共识，那么你们可能会愿意详细规划），但是会议结束时你们需要决定何时完成规划，并且决定下一步会采用何种科技手段，只要您能够在接下来几日内制订完整详细的计划，就能够享受这些"早期行动者"的好处。

实现目标

即使您在设定目标之后以最快的速度拟定目标实现的步骤，这也不代表您完成了所有工作。为了实现目标，您必须执行计划并且开展工作。可是，实现目标并非一件简单的事。

目标的实现不是在真空的环境中发生的，而是随时会遇到优先权转移、突发事件等情况。碰到此类情形，对于离线团队来说，审时度势、提供援助、改变方向就会更加困难。通常员工会独立地决策，而他们的决定会影响他们自身和整个团队的长远计划。等领导者察觉到这些的时候，往往为时已晚。

◎ 清晰化期望

一旦您制订了计划，就要确定每位员工知道这项计划。确定双方（您和团队成员）了解这项计划，并且慎重考虑过在日常实际工作中如何执行这项计划及如何应对突发状况。作为核心圈领导者，在保证团队达成共识的同时，您和您的员工也需要拟定应急预案。

◎ 形象化目标

1971年，当奥兰多迪士尼乐园正式开业时，罗伊·迪士尼（华特的哥哥，公司的执行官）被问到，华特如果目睹迪士尼的竣工会做何感想（华特在迪士尼尚未完工前离世）。罗伊的回答很简短，"您不了解情况，我们之所以能够取得

今天的成就,是因为华特已经预见了迪士尼的景象。"如果我们花时间帮助员工从三个维度预想结果,那么实现目标的可能性会大大提高。与员工的谈话过程中,尤其在困难重重,工作一筹莫展之时,领导者更应该深度挖掘3D途径。当离线团队成员遇到这种情况时,更应该利用网络会议工具尽可能地提高会话效率。

◎ 稳步化执行

实现目标的最佳方式是稳步前行。是否还记得杰瑞·宋飞策略?鼓励员工矢志不移地实现目标计划,步子不一定要大,关键是取得进展,稳中求进胜过贪功冒进。

围绕目标计划的进展情况开展的一对一会谈,会让您始终在指定范围内,帮助您迅速清除障碍,提高员工对目标的重视程度,同时减少双方的压力。作为领导者,您可以获得所需信息,因为这种沟通方式是征得双方一致同意的,您的员工也不会认为您在过分管控他们。

◎ 充裕化时间

针对足够重要的目标应该提供完成目标所需的时间,领导者必须协助自己的员工管理他们的时间,留给他们充裕的时间去完成目标。不要忘记,对于离线办公的员工来说,他们解决问题所需的时间更长，或者会无意间忽略其他成员所依赖的工作基础。领导者应该合理规划员工们的时间，帮助他们取得成功。

专注于实现目标是一项重要的工作。您之前肯定有过这样的经历，虽然提前安排了某项重要的工作，但是会被临时的会议或者其他紧急的事情冲掉。虽然我们并不希望这样的事发生在任何人身上，但不妨考虑一下这个假设：如果您出现心脏问题，并且已经和心脏专家预约了看病时间，您会像取消其他约定一样取消预约吗？您或许并不会这么做。

如果您（或者您的团队成员）安排了处理某项要务的时间——如目标的实现或者一个重要的项目——那么请捍卫那个时间，就像重视与心脏专家的预约一样。如果离线团队成员能够有效地规划时间，并且与他人进行沟通，那他们就能泰然自若，整个团队的目标实现率将超出您的设想。为了最大限度地提高目标实现率，离线团队或者混合团队需要共享工作日程安排，并且举行有关截止期限和优先等级讨论会。

◎ 设定优先权

如果享有优先地位的目标仅仅是您设定的目标，那么您成功的概率并不大，或许不设定目标反而更好。

◎ 定期讨论

定期讨论目标不仅仅是汇报工作，而是真正意义上的谈话，是帮助员工实现目标的最佳方式之一。进度报告或者状态更新都可纳入定期讨论的范畴，但是这些并不能说明某些员工是否真正关注工作。为了实现更多的目标，您需要将目标的实现过程纳入议程，设定小的、递增的目标可以提供更多保持联系的理由。谨记：你们不会在大厅意外碰见，你们需要精心创设一些简短但却关键的互动机会。

◎ 提供资源

领导者工作的一部分就是帮助员工清除障碍，提供完成计划所需的工具与资源。这些资源除了时间之外，还有其他资源，例如，帮助员工知道有需要时可以向哪些员工咨询信息或者学习经验，从而履行领导者帮助员工实现既定目标的职责。

◎ 灵活调整

我们听到的有关组织目标设定的最大的抱怨：时事瞬息万变，设定目标并不能改善工作效率。实际上，合并、新项目、新产品、优先权转移都会不时出现，您的目标需要灵活多变，目标的优先权也需要适时改变（变为次要，甚至于删除）。

我们的建议如下：

- 随着时间的推移，事情会发生改变。

- 齐心协力做出必要的调整。

请停下来，反思下列问题

- 您的目标是 SMART 吗？

- 您是否兼顾过程性目标与结果性目标？

- 您是否充分利用了这些目标？

- 您是否过多地关注目标的设定，而忽略了拟定目标实现计划？

- 您应该如何帮助您的团队实现既定目标？

第八章

指导与反馈

第 8 条法则：无论团队身处何地，
**　　　　　都需要有效的培训**

您能为其他员工做的最好的事就是帮助他们认识到应该如何提升自我。

——韦斯·罗伯茨

作家

海伦正为手下的客户服务团队烦恼。这个客户服务团队的员工一半在客户服务中心办公。另一半在家办公，她知道，对于一个团队来说，指导和持续的反馈至关重要。一直以来，她在员工指导与发展两方面的表现都尤为突出。然而，最近的反馈显示，与她一样在办公室工作的员工对于指导的满意度远远高于那些离线办公人员。虽然海伦竭尽所能与工作人员协商指导时间，但是效果仍旧不理想。海伦十分困惑，不知道自己是否做错了，甚至怀疑对于离线员工的指导无法像对在同一地点工作的人员的指导那么有效。

"指导"是一个涵盖面较广的词汇，贯穿于整本书之中。在本书伊始，我们提出了一些假设，其中一个就是，您熟悉有关领导力的基本原则，包括指导员工的需要与意愿，如果您的组织拥有一个指导的流程模型，那么它会增强指导效果。如果您没有这样一个指导模型，我们建议采用凯文的《核心圈法则》中提出的简易模型。

指导

如果说领导能力中哪一部分有待提高，那非指导莫属，核心圈领导者一贯需要提升的也是指导能力。领导需要面对时间紧、对话方式别扭等困难，他们往往信心不足，担心自己不够出色。领导者最不自信的就是自己的指导能力，核心圈领导进一步增加了这项工作的难度。指导的基本要素包括设定清晰的目标、建立融洽的关系、给予鼓励，以及提供改善途径，无论您与您的员工是在同一地点办公，还是分隔在大洋两岸，这些基本要素都不变，但是后者对于核心圈领导的难度指数则更高。

导致离线指导的难度更高、压力更大的主要原因有两个：

·每一次的互动都需要精心准备。当您与员工在同一地点办公时，您可以经常在休息室与其碰面，或者用余光找到他们的位置，走过去与其交谈。但是，对于领导离线团队的领导者来说，这些都是不可能的，他们只能刻意地吸引团队成员的注意力。此时，领导者以及员工需要放下手头的工作。如果您想避免这种类型对话，那么离线领导给您提供了不做这些事的借口。

·相对于面对面的亲自交流，通过技术手段进行的交流多了心理障碍和社会障碍。面对面的沟通最自然，对于离线办公人员来说，通过科技手段进行的沟通可能让人感觉中间存在一道屏障，难免有时间的紧迫感和空间的距离感。

如果您曾为了抢时间潦草地结束在线对话，想必您对我们所说的就深有体会了。

下面列举了针对核心圈领导过程中开展指导的两大障碍。这两大障碍也同样适用于所有类型的指导。

◎ 明确职责

优秀的指导者会关注团队成员的表现和技能。当某位员工表现不好时，领导者应该感到失责，反思自己是否有进行某方面的指导，是否可以换种激励方式，或者是否还有其他途径。虽然考虑领导者可以做的事很重要，但是最终的表现还是取决于员工本人，因为指导者的职责在于提升被指导者的信心、技能与能力，毕竟从事工作的是他们。

◎ 坚定信念

领导者对于团队成员的信念很大程度上决定了他们成功完成工作的能力。理由如下：如果您相信某个人能够成功，那么您潜意识里就会寻找能够证实您信念的线索、事例、邮件与结果，反之亦然。

这就是所谓的正式偏差，对于离线工作者来说，因为缺乏可以利用的数据，所以这种倾向会愈发明显。员工很少意识到冲突的证据，因为他们不像处理面对面的信息那样处理电子讯息，除非有特别重大的信息。一般情况下，我们都习惯快速浏览电子邮件，往往忽略掉了那些对于某人能力与动机的认知相违背的细微线索。

◎ 假设最好的意图，做最坏的打算

思考我们对于员工能力的两个基本假设，以及由此而产生的结果：

· 在指导开始之前，假设最好的意图——对方的意图正确，即：即使他们弄砸了或者没有实现目标，又或者没有在规定时间内完成任务，也是有可以理解的缘由，而不是失职的原因。

· 在指导开始之前，做最坏的打算——虽然对方察觉到了问题却视若无睹，或者根本没有意识到问题所在。

您的既有信念会影响您提问和反馈的方式，这么说难道不对吗？我们相信，假定对方的意图良善更有益，那么指导的效果就会更好。

韦恩认为这是凯文的一大强项，但是所有的强项也会成为弱项，这就是为何我们说"做最坏的打算"。您认为意图是好的，但结果却证明您错了。如果真的如此，您需要以更加严厉明确的态度进行指导。这些会话可能比较困难，尤其对于离线指导来说，但是在吸取本书所分享的经验的基础上，我们相信您一定会取得成功。

谨记：指导无关员工现在的位置，而是在于他们未来该在何处。领导者必须寻找相信员工的理由，如果您不相信他们值得指导，那么您的指导就不会成功。指导离线员工需要付出更多的努力，但是您的努力是有回报的。

第八章 指导与反馈

◎ 深度沟通

大多数时候指导者都是一言堂。优秀的指导者要在指导的过程中与对方进行交谈，倾听对方对于其个人行为与成果的评价，在谈话的过程中先向对方提出问题，让对方先打开话匣子。离线指导的过程中更应该尽可能提高谈话的效果。（此时，您可以借助网络摄像头，详情见下文。）当对方停顿时，可以通过提问打破沉默，而不是表达个人的观点。

然而，指导者往往会情不自禁地侃侃而谈，尤其在电话中，在不知道对方反应的情况下，情况更是如此。谨记：如果您以发言的方式打破沉默，就等于暗示对方不要说话，听您说。如果就您一个人说，那么他们所有权的身份就会逐渐消退。如果您是上司的话，情况更是如此（"上司说话，我得听着"）。为了消除位高权重产生的影响，您必须努力寻求平衡，力求做到以下两点：第一，多问；第二，少说。

◎ 明确期望

正如 3O 模型揭示的一样，领导者的指导首先必须以成果为导向。有效的指导取决于明确的期望，但是明确期望并不意味着能够实现期望。如果员工不明确期望，那么指导的第一要务就是明确工作期望。以文字的形式阐述期望是明确期望的最佳途径，我们相信，对于核心的离线团队成员来说，做到这一点很简单。

如果你们选择电话沟通的方式，您可能无法确定对方是否真的记录下期望目标或者是否真的在认真听您说话。当您采用某种技术手段开展指导工作时，双方彼此可见的笔录和文字形式的期望就能够提高你们之间的会话效率，这些文字材料也可供会话过程和后期参考查阅，建议使用一块可供双方书写或查阅文献的屏幕，这样有助于提高"期望"的清晰度。如此一来，你们双方能够同时查看这些文字材料。

◎ 建立指导程序

正如我们前文所提及的那样，如果你们拥有一个指导程序，建议使用这个程序。大多数的指导模型都是针对面对面交流的，如果您考虑本书中提及的观点（包括介绍沟通与科技使用的章节），就会觉得柳暗花明。虽然团队的成员不需要了解您所使用的模型或者方法，但是您指导的一贯性会让他们受益，您缓解了员工因为熟知您开展指导的方式和频率时产生的焦虑与不安情绪。

◎ 定期正确指导

员工需要不断的指导与反馈，这一点再强调也不为过。

第八章
指导与反馈

换句话说,如果您在某一方面完成得很出色,但却从未得到任何反馈,那么事态可能会不知不觉地发生改变而恶化,或者您会慢慢尝试其他成功途径。如果您能够及时得到反馈,确定自己的方向正确,那么您可能就会坚持这种行为方式,进而形成习惯。

相反,如果您错而不自知,就可能会继续错下去,甚至于养成不良习惯。这两种局面都可以通过提供及时反馈来避免。我们建议您提供定期的、正式的指导。离线指导可能会缩短指导的时间、降低指导的频率。但是不要为此屈服——指导的时间尤为关键,理当优先考虑,现实中也有非正式的指导时间。对此,我们会在接下来的章节中做简单介绍。

◎ 灵活有效沟通

指导极其关键,足以保证沟通的有效性。为什么我们会认为面对面的交流胜过通过手机沟通?因为我们沟通时依赖视觉和非言语线索,我们的大脑渴望与沟通对象有视觉的联系。网络摄像头和接下来将介绍的其他工具能够弥补沟通双方不在同一地点的弊端。

我们知道,很多人都不习惯出现在网络摄像头前,如果本身就抗拒严肃的谈话,那以一种不舒服的方式(严肃的谈话）进行谈话不会起到任何效果。重复使用网络摄像头可以逐渐适应，平复心情，且使用的次数越多，使用时的压力就会减小。对于那些排斥网络摄像头的人，无须强制其一直使用。他们会为此而感激，肯定这种灵活性。如果只在重大会话时使用网络摄像头，那就会产生新的麻烦，那就是，每次进行网络摄像头会话前，他们的压力会倍增，可能会形成使用网络摄像头与有重大事情发生的条件反射，因此使用的方式应该灵活多变。

◎ 跟进后续进度

虽然进行了指导对话，也拟定了一系列帮助员工提升的措施，但是却没有付诸实践，这种情况领导们都已经司空见惯了。无论是因为自律性差、时间管理效率低还是预想的过好而导致没有开展后续行为，您的团队成员可能都会误认为这次指导不重要，或者他们的行为问题无大碍。最糟糕的情况是，一个自负的成员可能会厌恶每季度一次有关他们延迟报告的对话，没有下文的谈话就等于暗示这次谈话无足轻重。对他们来说，他们宁愿忍受偶尔谈话，也不愿意改变自己的行为方式。

我们所提到的客户服务经理海伦，她常常在挂断电话之

第八章 指导与反馈

后才猛然想起漏了一件事又或者因为是在旅途中而过分缩减谈话内容,这也不是我们所讨论的理想的谈话类型。在同一地点工作时,您至少可以在走廊上看见对方,或者路过他办公桌时与其对话。但是,对于离线工作的员工来说,不能依靠这种偶然性,必须精心策划您的后续行为。

◎ 检查而非监督

我们喜欢这种表达,"检查而不是监督"。最自信、专业的团队成员也能够接受(通常会感激)领导检查工作进展情况,尤其对于预期中的例行检查,而即使是经验最少、表现不出色的员工也绝不会喜欢"被人监督"。这二者有着情感态度完全不同的差别。

首先,要确保您检查的初衷是帮助他们,而不是监视他们。最好的方式就是预先谋划好您会如何帮助他们,以及您会在何时以何种方式给予支持。您最好以在设定目标与期望时就支持的方式与频率征得他们的认可,因为事先协商好检查的时间点能够有效地避免他们误解您的检查初衷。

◎ 指导员工成功

指导员工是领导的职责所在。领导离线员工时,领导者往往为图省事,有意逃避责任。您的某位成员在某方面的表现薄弱甚至于犯错,这虽然不是什么大问题,但是仍然需要解决。您可能会搁置问题,暗自奢望情况自动好转,或者您没有与其谈话,只是发送了一封电子邮件,因为您不愿与其发生对峙。或者您以时差为借口躲避了问题。而领导者的不闻不问、耽搁、避免指导的态度是在默许员工的不良行为,如此一来,员工的错误行为会进一步恶化,为何会如此呢?因为不能时常与员工碰面并不代表领导可以懒政,更不能不提供员工成功所需的指导。

反馈

反馈不同于指导,但几乎所有的指导都需要反馈,下面是有关反馈的五个常见的问题,以及离线反馈的细节问题的处理办法。

◎ 员工为何接受反馈?

我们的反馈始于对方对我们言语的感受,所以我们应该竭尽全力以最好的方式、在最恰当的时间、以最佳的表达提供反馈。在判断领导意见的价值和决定是否采纳领导意见时,员工主要基于以下三个因素：

· 地位。如果您是上司，那么员工会因为忌惮您的权力而听从您的反馈，但是这并不代表他们会像您一样重视这些意见。地位是领导者这个身份自带的，但是却是这三个因素中影响力最小的一个，您是否只依赖于这一个因素？倘若真的如此，那么您可能得到的只是服从而已。

· 专业知识。员工会重视专业人员的反馈。如果您的团队成员认为您并不具备专业知识，那他们就不会理睬您的反馈，对于离线领导者来说，树立专业权威性更加困难，要努力在自己的员工面前树立专业权威，而不是过于自负。要知道，领导者并不是无所不能。鉴于此，专业人员的反馈可能效果更理想。

· 关系。尽管有些员工对于某一情况知之甚少，但是我们依然会寻求他们的反馈。因为我们信任他们，相信他们的意图，我们知道，即使他们的意见逆耳，但是他们实事求是，所说的都是为了帮助我们。对于离线领导者来说，虽然与团队成员建立深厚的关系更加困难，但是这却是很有必要的。

◎ 领导提供什么反馈？

我们必须对工作过程中最为重要的事务进行反馈，最大限度地提高反馈的影响力，创造最有价值的成果，但是您得到的反馈可能只是无关紧要的细枝末节，结果您对于反馈的内容和反馈者都有所失望。对于缺乏整体互动的核心圈离线领导来说，情况可能更为糟糕，确保针对有意义的事务进行反馈，而不只是您看到的事务，如果确有意义，应该向员工解释清楚其中的所以然。

◎ 具体的反馈

具体明确的反馈大有裨益。援引案例、收集证据，以及提供基于可观测的行为基础上的反馈都是极好的方式。在清晰的数据面前，员工抵触情绪的时长与强度都会降低。通过科技手段分享视频，你们双方都可以了解数据，对于您自己没有目睹的某种行为，想让他人观测到这种行为就更加困难了。"避免直接指出顾客的错误"比"您需要注意邮件的内容"更加具体，通过案例使得反馈更加清晰具体并不只适用于错误状况，这一标准也适用于一切进展顺利的情况，这是我们接下来要讨论的问题。

◎ 积极的反馈

我们相信研究支持我们的观点，大多数人在办公场所都没有收到来自上司或者其他同事的积极反馈，而对于离线工作的员工来说，情况更是如此。在电话里进行反馈时，反馈往往变成处理事务型。鉴于此，通话过程中往往更多的是"必要的"消极反馈或者改善意见，而不是积极的、鼓励性的反馈。积极的反馈至关重要。我们必须要提供积极反馈，可以事先将积极反馈写下来以防遗忘。提供积极的反馈时要杜绝形式化，不能为了平衡负面反馈而勉强随意提出积极反馈。

在电话中提供反馈时，反馈很容易围绕业务的处理而展开

员工需要时刻清楚自己工作中表现突出和需要改进的地方，只有这样，才可进步。事实上，他们很多时候只了解其中的一点。为此，领导者有责任敏锐地发现情况，帮助员工辩证地看待自己的工作进展情况。

◎ 如何提供反馈

提供反馈之前，您需要花时间深刻思考、准备案例、厘清思绪，从而做好充分的准备。然而，一旦准备充分，我们忍不住会抢先表态，在谈话中需要避免这种情况的发生。对此，您可以先让员工进行自我反馈，比如，"您怎么看待工作的进展情况？"或者"您给自己的反馈有哪些？"这些都是展开话题的好问题。如果上司率先发言，那么员工可分享的内容则会少之又少。举行电话会议时，如果您过早地发表个人观点，那么停顿时间会显得尤为漫长，气氛则会尤为尴尬。想要了解员工的反馈，就应该学会耐心地等待。

大多数反馈都围绕已经发生的事，或许这就是它被称作"反馈"的原因。虽然关于以往已经发生的情况的反馈大有裨益，这为管理层提供了背景与数据，但是要充分利用这个数据，就需要了解接下来的环节。领导要对当前和未来的工作进行"积极反馈"——有关当前的工作以及未来的变化。此外，再次重申，指导离线员工和提供反馈时，我们需要花时间提供全面的反馈，将事物各方面联系起来，告知员工工作的开展方式和未来的发展方向，确保他们能够真正理解。

任务驱动

绩效管理与绩效审查关系到每一位员工。无论他们在何处办公，鉴于核心圈领导的其他特征，领导者只有更多地关注团队成员，才能妥善地处理绩效管理与审查工作。

我们发现，领导者很难慎重思量，以不同的方式分析离线团队成员的表现，因为与离线员工的互动少之又少，所以领导者倾向于参照他们的工作完成情况，包括填写业绩评价表。现在，想必您已清楚这一方式存在的问题了。

◎ 正确分配任务

任务分配一直以来都是困惑领导者的一大难题。我们认为，问题不在于任务分配的本身，而在于如何教导、指导对方完成任务。如果您的任务分配方式正确，离线任务分配只需稍作调整即可。

任务分配的步骤有两个，我们工作室几乎每个人都能一致地完成下列两步：

- "如果您希望正确完成某任务，您应该……"
- "相比于……分配任务（或者教导某人）更费时。"

为了能够时刻把握任务，领导者必须"亲力亲为"。

这两个步骤往往成为不分配任务的理由。您正在考虑分配一项自己做过多次的任务。对于这件事，您可以比初次尝试的人做得更快、更好。然而，分配任务时应该关注长远利益，而不是担心初次尝试的耗时，也不应该关注您自身，而应该致力于帮助个体实现组织目标（注意模型——应该同时关注成果与他人）。如果您希望员工能够成功地完成某项新任务，那您必须考虑投入时间，包括你们彼此双方的时间。

分配任务需要耐心、时间与努力。同时，您需要克制自己不插手。对于核心圈的离线领导来说，做到这一点更难。您需要提前投入更多的时间，拟定检查的会谈时间表（时间表取决于任务的类型，但是检查这一点尤为重要），要重点关注他人的成功而不是独自完成任务。

　　对于离线或者混合团队的任务分配还存在另外一个小问题：团队内部紧张最大的来源之一就是某个人或某个小组认为自己在任务分配过程中受到了不公平待遇。比如，在办公室中经常会听到这样的抱怨，"老板把脏活、累活都安排给我们，那些离线员工完成的任务量自然就比我们高了。"确保团队中的每一位成员都了解其他员工的任务和某任务是何时安排给某人的。领导者让员工感到被公平对待与公平本身同等重要。

◎ 焦点

　　不计其数的有关领导力的书籍声称领导者应该分派任务，领导者的时间珍贵，不分派任务则会感到分身乏术，难以平衡工作与生活。虽然我们赞同这一观点，但是这种思维带来的一个意想之外的结果就是——领导者应该亲自分派任务。

　　实际上这种想法关注的点不对。

如果您认为分派任务是领导者分内的事,那么您就太疏忽大意了,犯了前文提及的错误。用凯文的话说,您不是在分派任务,而是做起了甩手掌柜,把工作强压给其他人。

如果您意识到分派任务是帮助其他人积累经验、增加责任、为集体贡献,那才真正理解了分派任务的意义。虽然这样做会占用您的时间,但是结果是值得的,因为接到任务的员工也会欣然接受并且能够顺利完成工作,且在这一过程中,您团队的灵活性也会增强。

当您做到这些时,您自己的压力也会减轻,这一点也很重要。

换句话说,如果您牢记 3O 模型,最后才考虑自己,那您安排任务的效果就会更好,您也会获得您想要的所有好处。

正式指导

一对一的会议是在预定时间内,彼此坐下来就工作的进展情况和您应该如何给予帮助而详细沟通也是指导程序的核心。过去,这种会谈被称为面对面会议。现在,我们称其为一对一会谈,也有人称其为例会或者汇报会。我们赞同这是"碰头"的一个重要缘由,认为这些筹划好的会议能够也应

该涵盖指导内容。为了保证离线一对一会谈的效果，领导者要谨记以下几点内容。

◎ 制定时间表

与每一位团队成员商议你们"碰头"的频率。如果您期望的频率高于他们的期望，那可以与其协商，或者先以他们的期望值为标准，将来有需要的话随时调整。现在，凯文有11位员工向其汇报工作。凯文与员工进行一对一会谈的频率各不相同，因为他们工作的性质、工作经验与自信心、凯文能够给予的支持、个人的喜好等这些因素不同。

根据我们的经验，会谈的频率可以多则每天（尽管这样每次会议的指导内容会缩减），少则每月。基于上文提及的因素，通常建议会议的频率最少一周、最多一月。在同等情况下，离线团队应该多举行一对一的会议，因为这种一对一的会议有助于将离线团队员工紧密联系起来。

◎ 有效利用工具

一对一的离线会议毕竟不是面对面的会议。我们建议尽可能多地使用多种形式的沟通方式。换句话说，领导者要尽可能地使用网络摄像头、屏幕分享、仪器面板等多种工具。

在商旅途中，我们目睹过许多在机场、酒店大厅（甚至于公共洗手间）的电话会议，这些都是重要的会议，不应该不挑日子地随时进行。在会议过程中，双方应该能够就彼此互利的要点进行磋商。

◎ 共同所有权

这些会议不仅对您有利，对您的团队成员也同样有益。领导者需要通过会议了解员工的工作进展，适时为员工提供支持、鼓励与改善，员工则需要从会议中辨别方向、获取信息、得到鼓励。会议不属于你们任何单独的一方，而归双方共同所有，很难一句话阐释清楚，这意味着彼此双方需要认真对待这些会议、安排好时间、做好充分的准备、让对方为此负责。在英特尔公司，会议日程就是由员工来安排的。

◎ 让对方先发言

鉴于您的上司身份引起的权力不对等，您必须要保护会议的共同所有权，牢记上文所提及的，让对方先发言。凯文过去曾经多次搞砸局面。现在，他已经能够停下来听对方说（在他自己看来）。让对方说才能创造共赢的局面。但是，如果您关注时间和任务的完成，而不是会议的初衷，就会很容易忽略这一点。

◎ 面对面的交谈

您期望能够稳固关系，就需要在条件允许的前提下，尽量安排面对面的交谈。为此，您可能需要多待一天或者赶晚班飞机（抑或，对方需要多待一天或者赶晚班飞机），利用这个时间进行一对一、面对面的交流，而不是以往的离线一对一交流。

◎ 无刻不在地指导

电影《拜金一族》中有一个著名场景，亚历克·鲍德温恳请一个销售团队"时刻朝着成交的方向努力"。我们喜欢他的公式，关注其中的重要方面（如果您看过这部电影，您知道我们指的并不是他的指导策略）。如果您奉行"无刻不在地指导"，那您会成为一名更高效的领导者，会避免离线领导的一些固有弊端。

非正式指导

然而，指导并不只限于计划好的一对一会议。虽然离线工作环境中很少有偶然的指导，但是卓越的领导者（指导者）

应该能够抓住吸引团队成员注意力、提出问题、给予鼓励、提供改善措施的机会。凯文经常利用团队电话的最后一段时间与一位或两位团队成员迅速进行一对一对话，就像在真实会议室中那样。

凯文能够识别这样的机遇，使这样的机遇变得更自然。他创设了这些往往被忽略的机会。既然他可以创设机会，那么只要做好充分的准备，您也可以做到。

鉴于这样的非正式时刻对于业绩和及时反馈的重要作用，您需要在自然情况下通过非正式的方式开展指导。换句话说，当您没有时间指导员工时，您需要挤出指导时间。

◎ 走动式指导

非正式的指导不在预先的计划内，也不以任何人的时间为准，这就是汤姆·彼得斯与罗伯特·沃特曼在其与他人合著的畅销书《追求卓越》中提及的"走动式管理"。您路过、走近或者伸头看看员工的工作的时刻都是非正式指导的机会。具体说来，非正式指导包括工作进展、发展趋势和您予以帮助的方式。

尽管您无法时刻看到离线员工，但是您可以创造一些吸引他们注意力的途径。您可以通过电话、早上的短信、即时

讯息或者其他任何可以告诉他们您一直都在的途径来吸引员工的注意力，这也同样适用于离线员工。

韦恩几乎每天早上都会给凯文发一条 Slack 信息，这既是问候，也顺便开启了非正式会谈。这就好比在休息间的打招呼（无论发起人是谁）或者在办公桌前的顺便探头望，大多数时候都没有什么可汇报的，但是它提供了迅速一对一的交流机会，或者说是问答时间。

◎ 准备离线指导

虽然您可以（并且应该）有意创造这种检查、给予鼓励、提供支持的时刻，但是不能让人感到刻意。如果您对于业务、员工的成果、项目进展等情况有疑问，那应该首先脑补，或者以其他方式列下清单。做足准备指的是做好真正吸引员工、与其建立联系的准备，而不是在建立联系的时刻对其进行拷问、过分追问细节问题。

◎ 开展离线指导

如果您身边有团队成员，您可以通过问好、询问他们的爱好、周末生活、家庭生活等为切入点，并通过开放性问题将人际关系性话题转移到业务检查和指导中来。开展离线指导时，可以利用电话、短信、即时讯息的形式打开话匣子。牢记，非正式指导会议的成功很大程度上取决于您与对方的关系。您应该让他们畅谈工作的进展、他们正在忙的事，以及您应该如何给予帮助（非正式指导时刻的组成部分）。

以下是针对非正式指导时刻的一些简单问题：

- "怎么了？"
- "进展如何？"
- "目前起效的有哪些？"
- "你的困难点在哪？"
- "我能为此做点什么吗？"

这些问题都很短，而且是开放性问题，对方可以根据自己的所需进行回答。随着会话的进行，您需要通过更加具体的细节把控谈话的方向。

注意我们的问题并不是，"能耽误你一分钟吗？"对于在家办公的员工来说，没有比老板的一条"能耽误你一分钟吗"的即时讯息（短信）更恐怖。虽然您的目的并不是让对方猝不及防或者感到压力，但是当对方看见信息的时候，他们已经试想了各种可能的糟糕场景。即便您本来是打算告知好消息，也在无意之间创造了压抑的气氛。韦恩经常会这么发信息，"能耽误你一会儿吗？不是什么大事，只是一个问

题而已。"这样的语气较为缓和，能避免造成不必要的紧张。

◎ 保证指导效率

大多数情况下，非正式的指导时刻应该在简短的时间内结束，时长不能长达数分钟甚至半小时。如果随着交谈的深入，需要更多的时间，会话双方自然知道如何将会谈继续下去。

我们所提到的案例中的海伦已经改变了自己与团队成员的关系，改变了团队成员的工作表现和成果，这些都不能取代或者抹去正式的、计划好的有关工作与指导的会谈和前文提及的长期以来的一对一会话，但是如果您能够平衡非正式指导时刻，降低会议的频率，那会议的效率便会提高。

请停下来，反思下列问题

- 您对于核心圈的离线团队成员的指导成效如何？
- 他们的回答一致吗？
- 离线团队成员得到的反馈质量与频率是否与在统一场所工作的员工得到的反馈一样？

第八章
指导与反馈

- 在委派任务时,面对整个团队,您的公开度如何?
- 您在创设联络、指导离线团队成员的机会方面花了多少心思?

总　结

·您与您团队设定（各个层次）目标成功的概率多高？

·您团队的回答与您本人的回答一致吗？（如果不一致，您可能需要深入思考第一个问题）

·您可以运用指导与反馈章节中的哪些理念提高您与您团队的业绩？

·您能否保证与核心圈的离线团队成员的会面次数？您会前准备是否充分？

目前进展如何？

除了花时间考虑以上问题，以本部分的内容为理论基础，可以采取下列措施：

·本人与每位团队成员和整个团队复审目标与执行计划。

·与他人谈话，了解他人眼中自己的方向是否正确。如果不正确，回归目标与计划、检查时间表。如果本周没有其他指导内容，那需要找到三件积极、有意义的事与团队成员分享，随后再予以推广普及。

第4部分

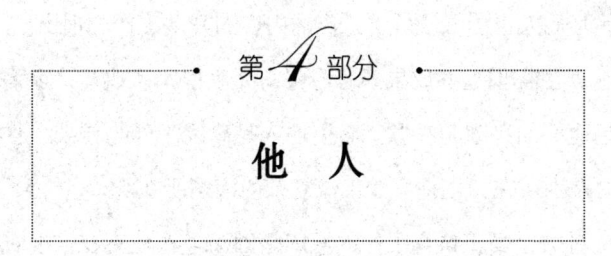

他 人

介绍

正如我们在上一部分提到的，理解、解释，以及交流组织的目标是领导力工作的一个关键部分。这是 3O 模型的外环。无论您是想成为所在领域的最佳公司，还是您所在城镇获 Boy Scout troop 奖最多的公司，都应该首先了解（并且确保其他人也能够了解）工作的内容和开展工作的理由。

为了实现这些成果，您不仅需要吸引团队成员，还需要引起他们的兴趣与在意。吸引他人是离线工作与传统工作方式的差别所在，也是离线工作复杂的症结所在。

过去，员工认真工作的原因是因为上司一直在监视着自己，监督他们是否在做工作之外的事，是否专注于本职工作。相比于命令，核心圈领导更需要的是影响力。虽然命令对于传统工作方式是有价值的，但责任分级、信任度、积极主动沟通对于不在毗邻位置工作的方式是至关重要的。

我们如何在一个物理分离、数字链接的世界中吸引员工决定我们能否实现目标，以及在这一过程中感到的压力。

第九章

与他人合作的九条"黄金法则"

第 9 条法则：以最适合他人的而不是个人喜好的方式进行沟通

您所学到的最大的经验是：勿以您个人为中心。

——香农·L. 阿尔德

作家

我们的朋友，爱丽丝项目团队的两个成员的工作表现都很好，他们的工作职责相同，爱丽丝很欣赏他们。然而，爱丽丝得到的反馈是，其中一个感到爱丽丝的监管事无巨细，而另一个成员反倒希望爱丽丝能够加大检查的频率。事实上，爱丽丝对二者的监管几乎一模一样，可怎么会有截然不同的态度呢？

爱丽丝百思不得其解，领导过程中她严格遵守黄金法则。她自己曾经也是一名员工，工作内容与他们一样。身为一名资深的离线工作者，爱丽丝工作过程中能够聪颖地排除一切干扰，专心致志地完成工作。一直以来，她也希望自己的经理能够多提示、少检查、简化交流、必要时予以及时帮助，而在其他情况下能够不干涉她的工作，这是爱丽丝理想的被领导的状态，所以当她自己成了一名领导者，她也是以这种方式领导自己的员工。

常言道，"己所不欲勿施于人"，这是一条黄金法则，也是一条不错的建议，这一原则在所有宗教与哲学的学派中存在，然而，在应用到核心圈领导与交流中，还是有需要改进的地方。并不是说，自己不愿意做的事切勿要求其他人做。相反，我们希望您能改变观点——"自己喜欢的工作、领导方式不一定也是其他人喜欢的工作、领导方式"。

问题在于并不是每个人都有爱丽丝这样的经历，一些员工希望通过不断地互动感受到集体的存在，不断验证猜想。而另一些员工则希望能够接到自己的工作任务，然后独自完成任务，有需要时他们会主动提出来。

目前的情况就是如此，一位新入职的员工不适应离线办公，他希望领导能够每日与其交流，在遇到一些具体的问题时，希望能确定自己不是在孤军奋斗，需要的只是一句简单的关心，"一切还顺利吗？有什么可以帮忙的吗？"

另外一位职工稍微内向，倾向于较长、高度结构化、为数不多的谈话，倾向于以电话或网络视频（退而求其次的途径）的方式完成对话。爱丽丝经常需要发起的对话，被这位员工认为这是在干扰自己的工作。

一个人简短的、频繁的检查对另外一个人来说可能就是事无巨细的干扰。有的人您出于信任，选择不插手、不干涉他的工作，但是在他本人看来，这就是缺乏沟通或者是漠不关心的表现。

当所有员工在同一个办公场所工作时，员工们很容易领会如何合作，您也可以知道哪些员工早到，哪些员工迟到，知道哪些员工外向、健谈，哪些员工塞着耳机，默默地工作。同时，当您出现在他们办公桌前时，您也可以看到他们抑或是欣喜抑或是因为您的打扰而面露不悦。

在进行离线领导的过程中，由于缺乏这些线索，您免不了会被自己的猜想、个人爱好，以及您对员工有限的了解所左右。与黄金法则类似，您以自己所希望的领导与管理方式而领导管理他人，可能会阻碍您的成功，因为每个人都是特别的，不一样的。

鉴于此，我们提议将黄金法则修改为黄金建议，即以对员工最有益的方式领导员工才是最有效的。这只是建议，没

人能够百分之百确定哪种方式最有效。

付诸实践

您可以通过以下途径更加确定您需要做的决定:

◎ 剖析风格

您应该特别擅长观察与您共事的员工的特点,否则,您也不可能走上领导岗位(或者阅读此书)。本书中也提供一些帮助您了解自己所偏爱的工作与沟通风格,以及发现(或至少稍微了解)他人的偏爱风格。诸如 DISC(人类行为语言)、Myers-Briggs(麦尔斯—布瑞格斯性格类型指标)、Insights(洞察力)、Strengths-Finder(盖洛普优势识别器)等评价工具,能够帮助您和您的团队发现彼此协调一致的原则及可能存在挑战之处。

这些工具大多可以在线管理,其他可以亲自运用。无论何时以及如何开展这些评价,这些工具都能保证您将自己(以及您的团队)所学应用到现实行为。

请谨记,虽然这些都不是详尽的心理研究,但是他们能够帮助您了解为何有些员工在决策前需要全部信息而有些员工可以依赖自己的本能。

虽然我们经常使用 DISC，但是我们更关注的是您斟酌着使用一种能够帮助您更好地了解沟通与行为风格差异的工具，而不是您具体所采用的测量工具。

◎ 考虑喜好

某些员工可能更偏爱某种沟通方式，有些人可能更倾向于选择短信或者邮件的方式进行沟通，而有些人则习惯通过电话进行沟通。如果沟通的方式无关于信息的传达，那么不妨选择员工所乐意接受的方式，这不仅不会阻碍沟通，更会增进您与员工之间的信任。然而，如果沟通工具的选择影响到事务的处理（比如，您不希望通过短信的方式联系不满意的客户），那领导者真正应该做的是设定期望值，而不是一味地投员工所好。

◎ 沟通期望

您所领导的团队的规则是建立在与员工交流沟通的基础上，还是您专断地规定了您与员工沟通的方式与频率？回顾爱丽丝的案例，某些人可能需要这样频繁的、简短的监督，但是有些人可能认为这种监督方式干扰了自己的正常工作。

对于第二类人来说，您的这种保持联系的方式可能已经严重地干扰到了他们的工作。

切记等同并不意味着可以一模一样，虽然您可能希望团队成员能够服从您制定的各种规章制度，比如，您与他们见面的频率、您举行会议电话或实际会议的频率等，但您仍需要根据团队中的每一个成员协调沟通的频率、沟通的时长，以及沟通的方式调整现有制度。

◎ 有效提问

单一的询问并不总能让人心满意足，但也不会造成任何损伤。身为领导者（或管理者），您与您的员工之间总是存在着权力的失衡，因此您需要注意您提问的方式。当您这么问员工，"一周一次的监察够吗？"他们不会认为您是在进行调查，而会认定您是在有意暗示他们您的看法。

确保在您调查这些信息的时候，使用下列这些客观中立的问题了解员工的喜好，比如：

- "我应该如何帮你取得成功呢？我想支持你、帮助你持续进步。"
- "你希望我们多久面对面交流一次呢？"

您或许并不知道另外一个人为何如此，即使您询问了，您所获得的信息也会受到您职位和他们的水平的影响。再次重申，黄金法则是告诉您何种方式对您最有利，而黄金建议要求进行深刻的思考，尤其在领导离线团队过程中。

◎ 以身作则

虽然韦恩与凯文合著了《核心圈法则》，但是韦恩是技术主导。韦恩很开心无须出席其他的团队会议，很享受独立工作的乐趣，但是他也需要进行一定的简短的沟通交流。凯文会努力地安排、平衡团队沟通。

因此，我们每天早上都会有简短的信息交流，通常的例行谈话内容是，"早，是否有新消息需要了解？"十有八九的回答是，"没有，你忙你的吧。"虽然凯文可能并不需要这样的沟通，但是韦恩需要，因为这让韦恩感到与他人正保持着联系。这种简短的沟通无须持续太长时间，有时这种交流会促进及时的谈话或者尽快地约定会议时间，以防被延误了。

凯文和团队内的每一个成员每天上午都会交流吗？答案是否定的。满足团队内每一位成员的社交与沟通至关重要，方式也不尽相同。

如果领导使员工选择被领导的过程，那么员工必须感受到自己被尊重。黄金建议帮助您以最乐观、最具建设性、最有效的方式吸引他人，这种方式适用于所有沟通方式，包括与您在同一办公场所的团队成员，但是准确地判断您核心圈团队成员的工作风格、喜好，以及需求更加困难更加重要。

满足团队内每一位成员的社交与沟通至关重要，方式也不尽相同

请停下来，反思下列问题

■ 您与谁沟通起来最为困难？

■ 您的工作与本章节中描述的员工有何差别？

■ 哪些行为或反应让您确信这一点？

■ 为了提高自己的工作效率，在与那个人一起工作的过程中，您会从哪方面调整自己的工作方式？

第十章

懂政治却不"耍政治手段"

第 10 条法则：了解员工的行为，还要了解他们的想法

丹尼丝不想成为领导的一个原因就是"政治"，她希望自己是凭借美德获得认可，而不是靠阿谀奉承。她的生活观一向如此，直到她的一位导师改变了她的看法。现在，丹尼丝意识到团队成员互相了解有助于处理事务的影响关系与耍弄政治手段截然不同。在导师的帮助下，丹尼丝的观点发生了改变，并且升职了。现在，她正在努力领导一个跨国团队。

您可能认为自己绝不会耍弄政治，但是没人在不了解人际关系、角色，以及权力关系的前提下还能够领导团队。政治一词通常指统治一个政治团体，它只是指实践决议，帮助一个组织实现目标。

作为领导者，在整个职业生涯中，您需要了解政治动态，需要了解决策者，了解哪些人光说不做及需要做事的时候应该找谁。

虽然我们不期望您对员工苛刻，但是如果您不了解事情的运作方式，那么您很难升职，或者难以胜任领导的工作。

正如前文提及的那样，领导的职责没有多大区别，但是，与我们工作或领导的员工分隔异地会给领导者带来极大的政治挑战：尤其是，领导者需要观察与被观察。观察指我们掌握组织内部工作运转的情况，这需要收集会话线索、注意行为变化、辨别有碍工作推进的谣言。或许，最重要的是，您必须深刻了解信息流动的方式和关系形成的方式。"被观察"指员工如何了解有关领导者的信息，这可能包括您的书面交流、他人对您的评价，以及您的示范作用。

当所有人都在同一地点办公时，您无须花费过多的精力，可以通过观察了解到所有相关信息，可以直接了解到员工的不满与欣喜，可以通过他们的笑脸知道他们很享受此次的陪伴。没人打听上司正在做什么，他们可以通过您的上下班时间了解您的工作状态，可以很容易地知道您是否具有亲和力，能否包容质疑声。员工有很多机会亲自了解这些内容，或者亲眼见证这些行为，会对您的领导产生某种印象。

另一方面，如果您长时间脱离员工的视线，那么他们可能会对您的情况产生疑虑。没有了信息的沟通，猜测演变成谣言，妄论可能愈演愈烈。您数日甚至数周没有和某个员工沟通。您通过发送电子邮件对您行为的解释可能仍被误解。直到员工爱丽丝开始以大吃一惊的方式对待您时，您可能才开始意识到您的信息传递出现了问题。

领导者有义务将自己的工作公开化、透明化。这样谣言自然会灰飞烟灭。如果您领导的是一个项目团队或者临时团队（离线团队成员无须向您汇报工作），那么您所面临的挑战更大。此外，对于跨境的公司，还需要兼顾当地的管制问题。因此，离线工作中，您需要留心自己观察与被观察的方式。在这点上，您是如何处理的呢？

观察现实

无论是在同一间办公室工作，还是在不同国家工作，您都必须关注工作的过程、成员之间是否合作顺利、您的团队是否理会您描绘出的发展蓝图、工作是否在紧张推进中、沟通的差异或优先权的竞争是否导致了结果的延迟等一系列问题。

这些问题问得都很好，您知道答案吗？

我们正在探讨如何收集与分析信息，以便您能够充分了解员工的沟通模式，以及这种模式如何影响您组织的目标。

对于离线领导来说，收集与分析信息的出现方式有多种。

首先，您需要了解自己收集信息的方式。如果您的所有信息来源于一种途径，如您仅仅通过邮件线索了解员工合作的方式，那么您所了解的情况就会较为片面。您应该更加广泛地收集信息，同时通过不同途径收集信息，然后整理信息，分析数据，这样就可以准确清晰地了解周边的情况了。只有您多询问他人、多浏览信息、留心电话会议和实际会议，才能够更加准确地了解现实情况。

文字对于核心圈工作来说更加重要。在对方进入梦乡时，短信、报告、邮件，以及即时通信都是您获取信息的方式，充分理解文件内容，同时注意语气、语场和频率。问问自己，信息可以直接出来，还是需要不断推导呢？

要实现这个目标，我们需要了解具体的工具与技艺，但一致认同您需要对您身边发生的事有较强感知力这一观点。

被观察

您通过观察自己身边的人与事收集信息，拥有了不同的看待世界的方式，您的同事也是如此。不论您是否意识到，员工尤其关注领导，他们会试图通过蛛丝马迹解答心中的疑问：

第十章
懂政治却不"耍政治手段"

- 您关心他们吗？
- 您关心他们的工作吗？
- 哪一项工作最重要？
- 您最喜欢哪种？
- 您是不是更加偏爱某一组（或者更加偏爱在办公室办公的员工）？
- 您自己是否会做您要求他们做的事？

您所交流的每一个人都会根据自己的经验决定与您沟通的方式。作为领导者，您需要关注自己给别人留下的印象。如果员工大都是通过您的邮件了解您，而不是了解真实的您，那么他们很难对您产生积极的、准确的印象，更不会了解您的志向和您拥有如此雄心壮志的理由。在缺乏真凭实据的情况下，员工会自动填充认知空白，而且往往并不是以一种积极方式填充。如果员工见不到领导者，他们就会曲解事实，臆想出各种谣言、八卦。

作为领导者，您露面的次数足够多吗？您的团队多久能够见到您一次？他们在观察什么（您又是如何知道的呢）？

协调自身

您不可能同时立即出现在所有地方。您控制的范围越大，所需要的信息量就越庞大。您的员工可能遍布世界各个角落，包括一些您知之甚少的地方。为此，您必须熟知组织的运作方式和您所获得的信息来源。

无论是对一家跨国公司，还是一个家庭教师协会，领导者都必须了解协调好所有事务的角色与任务，并且能够识别顺利完成工作的关键角色。

**无论是对一家跨国公司还是一个家庭教师协会，
领导者都必须了解协调好所有事务的角色与任务，
并且能够识别顺利完成工作的关键角色**

作为领导者，您不能过分在意质疑声，或者在员工是否服从于您的问题上过于偏执，您需要知道哪些关系会促进或阻碍您的努力，会推动或妨碍团队的成功，这些因素都是在不断变化的，您需要谨慎地评估这些因素在不同时间对您团队的影响。

下面是一个帮助您评估所在组织的关系与沟通情况的途径，能帮您识别潜在盲点。

·凭借记忆描绘出组织结构图，并将其与官方版本进行对比。您能记得所有小组吗？您是否遗忘了其中的一些？您是否知道某些职位但却不记得人名？

·将官方颁布与现实情况对比？您能找出小组中的决策者与影响者吗？根据经验，您知道职衔并不能代表员工的专业与信任，您能知道哪些人在员工内部拥有话语权，能知道员工内部的关系如何吗？

请停下来，反思下列问题

■ 你们关系的哪些方面有待改进？

■ 这些代沟是与个人相关，还是与整个小组团队的员工相关？

■ 您对您现在所接收到信息的信任度如何？

■ 哪些因素造成这些代沟？

■ 离线对这些挑战产生了何种影响？对此，我们可以做些什么？

第十一章

理解并且建立核心圈信任

第 11 条法则：建立核心圈信任绝非偶然

没有什么事情比让他承担责任和让他知道您信任他更能帮助一个人成长了。

——布克·华盛顿
非裔美国领袖

丽斯一直引以为豪的能力是在团队成员之间建立信任。这一能力是其成为一名成功的领导者的一个重要原因。当开始领导一个离线团队时，她却感到不知所措。她仍希望像从前一样建立起积极的人际关系，但她并不熟悉现在的团队成员，也很少与他们碰面。她倍感煎熬，直到她开始从不同角度理解信任动态学，心怀更大格局之后，她才能得心应手的领导离线团队。

信任对领导者来说尤为重要，我们需要信任我们所领导

第十一章
理解并且建立核心圈信任

的人，他们也确实需要我们的信任。吉姆·库泽斯、巴里·波斯纳与其他研究者就信任的重要性写了很多作品。同样，从您的经验出发，当员工信任您的时候，您就信任他们，这样工作就会更加顺利地开展，工作完成更多，工作完成的速度也越快。

相对于在同一办公地点工作的组织来说，信任对于核心圈的离线团队更加重要的观点是愚蠢的、不理智的，其中的差别在于离线团队建立起信任更加难，而且这种信任感很容易遭到破坏。更糟糕的是，缺乏信任感产生的恶果很容易就会浮现，甚至酿成不可弥补的伤害，您的团队可能落后于预定计划，可能出现功能失调或者团队内重要员工会突然毫无征兆地离职等情况。

信任三角形

无论是对您的爱人、对您的朋友，还是对您接手的项目团队而言，建立信任与破坏信任的途径都是一样的。有关信任的研究指不胜屈，新颖的模型也是不计其数。在离线领导力学院，我们查阅了数百本有关信任的专著与文章，发现高水平的信任涉及三个必要的元素：共同目标、能力、动机（见

图10），这三者之间协调性越好，信任度越高。

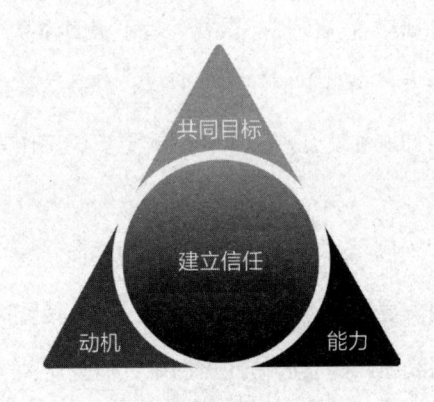

图10 信任的三角形

比如，您与某位朋友经常在一起打牌，与这位朋友拥有共同的目标，那么你们就拥有了彼此的信任（你们都爱好打牌，很享受彼此的陪伴）。如果你们都擅长打牌（你们都熟知规则、技能和策略水平相仿、公平竞争），并且知晓彼此的实力，你们之间的信任会更加稳固。只要你们双方的动机一致（你们都想玩这个游戏并且好奇谁会成为赢家），那你们在这方面的信任会进一步加强。倘若您发现对方有舞弊行为，与您打牌的动机不同，那么你们之间的信任将会大打折扣。发现对方打牌作弊的最乐观的结果是您不会再和这样的人打牌，最差的结果是您不会和这样

第十一章
理解并且建立核心圈信任

的人再多说一句话。信任三角形的三个元素能让这一切明朗化。

下面我们来看一些有关领导力的案例，这些例子都以问题形式出现：

·共同目标。您与员工的目标是否一致？你们是否勠力同心？如果员工察觉到您的目标并不真诚，他们就会质疑组织的目标，那么情况就会很糟糕。

·能力。您是否认为您所领导的员工都是实力派？他们能否完成您指派的任务？您的员工是否相信您会信守承诺？如果您制定的销售目标高得离谱，员工认为不切实际，那么你们之间就难以建立信任。当整个项目组士气萎靡时，您的项目组成员能否领会到您所做的一切都旨在改善局面，创造成绩？

·动机。最后，您与您的员工可能目标一致，每个员工都具备各自岗位所需的专业能力，但是他们是否愿意不遗余力呢？您是会为员工谋福利，还是一贯从公司利益的角度解决问题？您是否会兑现自己的承诺？您的员工是否怀疑您只是在哄骗他们？

无论员工在何处工作，这些问题与情境都适用。和其他情况相同，无论你们是否在同一地点工作，影响信任建立的因素也都一样,只是因为人们考虑问题的方式不同,所以离线办公团队建立信任的过程要更困难些。

离线下的信任

在理想层面,离线办公与在同一地点办公毫无差别,你们分别完成自己的任务,各自履行分内的职责,双方都没有因为工作而失眠。然而,双方会因缺乏信任感而产生以下忧虑:

- "如果我看不见员工,我如何确定他们正在工作?"
- "在家办公的员工应得到该有的关注与提升。"
- "在家办公的员工很轻松,他们不需要处理琐事,经理也不会干涉他们的工作,他们只需独立完成自己的工作。但因为领导能够看到非离线工作者,所以会先过来看非离线工作者,而不监督离线工作者。"

当谈及利用网络摄像头来建立信任时,我们了解到一个令人瞠目结舌的情况。有人反映自己从未使用过网络摄像头,他们一直用胶带或者便笺纸把摄像头贴上,就连摄像头关闭状态时也是如此,问及原因时,他回答,"领导只是利用摄像头监督我们的工作。我们不希望在被人监视的情况下工作。"

第十一章
理解并且建立核心圈信任

如果一个组织的成员以领导通过摄像头时刻监控自己的工作为由而拒绝使用交流工具，那这个组织内的信任度可想而知有多低。如果您所在的组织也是这种情况，那建议您尽快解决这方面的问题。

◎ 案例

海伦有两个合作者——格蕾琴和拉杰什。过去，她一直与格蕾琴共事。海伦知道，虽然格蕾琴很少在会上发言，但是她工作认真、负责。只要格蕾琴发言，其表达的内容就会很有意义。相识以来，格蕾琴一直能够按时完成工作，从未出现任何闪失。因此，海伦在心底充分信任格蕾琴。

相对而言，拉杰什才加入这个团队不久，海伦与其素未谋面。拉杰什偶尔会在会议电话中发言，看起来相当聪颖。除此之外，海伦对他可谓"一无所知"。但是，海伦知道他没有按时完成交代他的上一个任务。

问题（可能）并不只出现在拉杰什身上，没有按时完成工作并不是个别现象，但是海伦却根据手头有限的现象对他的能力、集体观念，以及动机下了定论。如果海伦是一个轻易相信他人的领导，那她可能不会追究拉杰什的责任。如果海伦是一个偏执狂，或者忙得焦头烂额心情不好时，那她就

会指派另外一个自己信任的员工完成工作，今后都不会再给拉杰什安排任务。

◎ 破坏易，修复难

这是离线团队经常会出现的情况。当您发出工作消息时，乔安妮总是会第一时间回复，因此您判定她工作积极性较高。同样，当您给鲍勃发送一条类似的消息时，他一整天都没有给您回复，直到最后才回复您，因此您断定他对于工作漠不关心。这样的定论有失公平，因为鲍勃可能一整天都在开会，或者他想在确定了最佳解决方案之后才回复您。您基于手头的数据而选择更加信任乔安妮，久而久之，可能习惯于安排乔安妮完成工作。

信任是建立在证据的基础上的。在没有证据的前提下，我们只能凭感觉猜测我们可以信赖的员工。如果您倾向一切往好的方面想，那可能短时间内信任可以保持，但当有些事情动摇了您的信任之后，您会怎么做呢？对于大多数人来说，破坏信任易如反掌，修复信任则难上加难。

对于大多数人来说，破坏信任易如反掌，修复信任则难上加难

领导离线工作时，您很少有机会去判断成员是否与您的

目标一致、能否胜任工作、是否和您一样积极主动。当你们在一起工作时，您能够观察到他们早上班、晚下班，能注意到他们在会议上认真记笔记。当您对 X 疑惑不解时，您知道可以找伊内兹谈一下这个问题。如果您不了解您的同事，也很少有机会与他们交流，那你们之间是很难建立稳定的、持久的、彼此信任的工作关系的。

建立离线信任

离线工作也可以培养信任关系，但是这种信任并非是偶然发生的，需要精心呵护才能建立起来。创造机会让全体员工知晓：团队中的每一个人都在信任三角形的三个元素（共同目标、动机、能力）方面保持高度一致性，培养、维持员工在这三个方面的一致性是领导者的一项重要工作内容。一旦员工了解其他同事、知道团队成员的睿智且了解大家都在齐心协力奔向目标时，他们自然会在他人有需要的时候伸出援助之手，这样一来，信任即可得以发展。

离线工作的团队成员彼此互动的机会没有在同地工作的同事多，且大多数沟通都通过领导者进行，团队成员几乎没有机会了解其他人的工作情况。鉴于此，领导者必须采取实际措施帮助整个团队建立信任关系。为此有以下几点建议：

·策略性利用会议。现在这种甚至可以一周7天、每天24小时工作的模式衍生出一个不好的现象，就是只愿意在工作上花时间，不愿意在其他事情上浪费一秒钟的时间，如此一来，会议仅仅解决业务问题，时间短促。对于会议电话或者网络会议来说更是如此。然而，会议应该是团队成员之间彼此交流的唯一时间。领导应该预留向员工报告整个团队的卓越成绩。您可以在一次会议上表扬一个人，让优秀员工分享他们的工作经验，向其他员工介绍优秀员工的强项（"如果某位员工不太清楚如何使用 Excel，可以找伊内兹。"）。或者可以每周增加简介环节，帮助员工解决他们正面临的问题与挑战，帮助他人解决问题的意愿最能体现员工的动机。领导者要在重要的会议上，充分利用这些策略。但是，切记，对于离线团队来说，这种会议不仅是成员之间彼此交流、完成工作的时机，更是一个建立团队信任的最佳时机。

·当众表扬。作为领导者，您应该清楚积极的反馈至关重要（总的说来，我们在第八章详细论述了这一方面）。不幸的是，在真实的世界中，反馈一般只一对一发生，员工当面得到称赞当然满心欢喜。然而，杰克逊虽然代表整个团队接受了表扬，但是团队的其他成员却不知道自己的工作是否得到了领导的极度肯定，或者他们是如何努力工作去帮助大家按时完成工作的。我们需要帮助整个团队了解彼此的优势、才能与努力。

- 当众分配任务。分配任务的时候，领导者让员工被公平对待与公平本身同等重要。离线团队成员对彼此的工作并不知情。在离线工作中，有些员工会误以为自己承担了某些脏活、累活，而其他人落得清闲。所以，分配任务时，需要让员工知晓彼此的工作。虽然您可能并不会在电话里或会议上分配任务（"艾德丽安，我希望……"），但是如果您能让整个团队知道您把某项任务安排给了艾德丽安，那么结果可能事半功倍。

- 精心创造增进彼此信任的机会。领导者可以通过精心安排团队混合、授权团队成员之间的培训等形式帮助员工了解彼此。这样一来，员工就有机会与其他平常没有机会合作的同事进行互动，切勿打着工作的旗号而牺牲建立团队信任的机会。

- 利用科技培养关系。我们都是和自己熟悉、喜爱和信任的人一起工作时效率最高，但是我们应该如何了解彼此呢？德保罗大学的研究表明，当我们能够认识对方时，撒谎、排斥、攻击性等负面行为就会减少。领导者帮助您的团队成员了解彼此。我们再次提倡使用网络摄像头，尤其是一对一的摄像头。如果您的团队庞大到横跨多个时区，那您可以考虑问答论坛。在论坛上，平时没有彼此沟通机会的员工可以为其他员工提供帮助与支持。

· 发现问题就指出问题。一个团队的信任出现问题时，会有诸多迹象显现出来。如果您的邮箱收件箱爆满（比如，每一封邮件都是相同的内容），那么这可能暗示出现问题了。员工可能是想告诉您他们目前的工作或者他们并不信任自己的合作伙伴，认为把您加入收信人能够保证得到回应。当发现问题的迹象时，您需要采取预防措施，弄清情况，帮助员工也认清情况、建立联系、减少冲突，如果有必要的话，重新设定期望。

请牢记，信任关系很容易破裂，而且一旦破坏，很难修复，且信任关系的破裂绝非单一方面的责任。为了避免这些问题，您应该经常与团队成员进行坦诚的交流。正如拿破仑曾经说过的那样，"想要避免战争，就必须杜绝导致战争的种种琐细。"

第十一章
理解并且建立核心圈信任

请停下来，反思下列问题

- 您是否觉察到自己团队的信任受到了侵蚀？具体有哪些？
- 观察信任三角形，反思您的团队在哪个方面出现了问题？
- 作为领导者，您会如何处理这个问题？

第十二章

选择恰当的沟通工具

第 12 条法则：确定领导力目标，选择相应的沟通工具实现目标

> 信息是媒介，媒介决定人际结合以及人类行为的探索与形成。
>
> ——马歇尔·麦克卢汉
> 教授、媒体评论员

特丽萨感叹道，从前在同一地点办公时，同事之间可以通过面对面交流、开会，以及电子邮件等便捷的方式沟通，而如今，随着人们在世界各地离线工作的模式的普及，她需要掌握各种沟通工具。问题是，有些工具她并不知道使用方法，有些工具她不擅长使用，还有些工具是她压根就不喜欢的。

在这本书中，我们一再重申，除了需要掌握烦琐的科技手段之外，离线领导与传统领导并无太大差异。这就是典型

第十二章
选择恰当的沟通工具

的"链条虽轻,却可撼动重门"。

大多数领导者对科技手段的情感都较为复杂。如果您足够年长的话,那您经历了二至三代工具的变化过程,很清楚虽然新的科技能够解决某方面的问题,但是没有任何科技手段是万能的。即使您精通了现在的沟通工具,但随着时代的不断进步,沟通工具也在不断改进中。

有三点是毋庸置疑的:

·通信技术日新月异;

·除非您拥有这家公司,否则采用何种工具并不是由您一个人决定的;

·没有明确规定您与您的团队沟通时应该采用的最佳方式(如果您自己都不知道,那么您的团队成员也不会了解)。

沟通工具不仅仅影响信息的传达。在选择适当的沟通工具时,您需要考虑您自己所期望的表达思想和有效收集反馈的方式。选择恰当的沟通工具举足轻重。

可供使用的工具和它们的使用方式会影响我们建立与培养信任的方式。如果您的团队分布在全球不同的时区,那为了与他们沟通,就需要约定一个时间。远在印度的成员怎样才能向洛杉矶正在熟睡的领导展示他们的工作能力与雄心壮志呢?

下面首先介绍一下我们在项目中多次采用的一个简易

工具，它可以帮助大家获悉应该在何时以何种方式使用何种工具。

在 2001 年，研究员贝蒂娜·比歇尔提出了一个简单的矩阵模型，清晰地呈现了我们所知晓的所有沟通方式（见图 11）。为了实现有效的、适当的沟通，绞尽脑汁地兼顾了丰富性与广度。

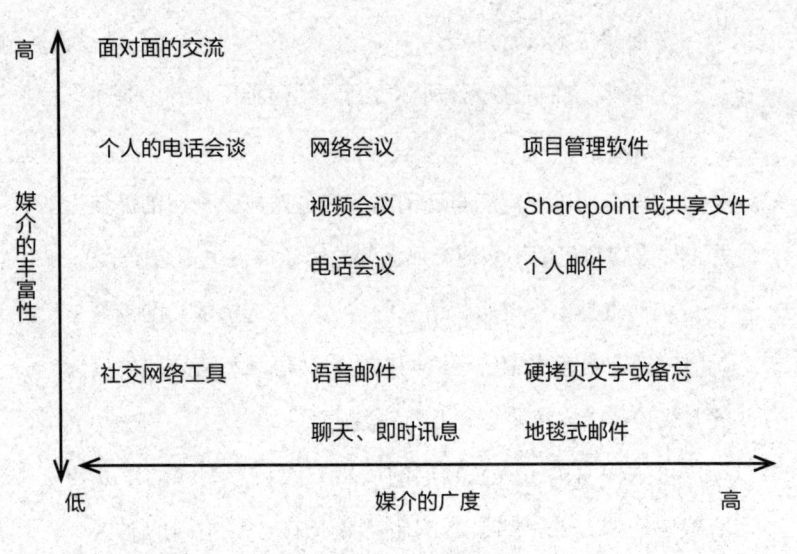

媒介的丰富性 高	面对面的交流		
	个人的电话会谈	网络会议	项目管理软件
		视频会议	Sharepoint 或共享文件
		电话会议	个人邮件
	社交网络工具	语音邮件	硬拷贝文字或备忘
低		聊天、即时讯息	地毯式邮件
	媒介的广度		高

图 11 常见的沟通方式

接下来，我们将阐述这个模型在离线领导者日常工作中的作用。

丰富性

真正的交流远不是仅仅理解信息的表层含义，还与信息传播的方式有关。众所周知，人类交流的方式多种多样，一条普通的信息可能因为我们的语调、面部表情、肢体语言以及词汇选择的不同而产生天壤之别。

当某人说，"我很好。"这是他们真正想表达的意思吗？他们说此话时有不敢直视您的眼睛吗？他们想通过这句话暗示您事情进展并不顺利？如果您在他们身边，就能观察到这些迹象，进而判断是否一切真的进展顺利，从而决定是否需要进一步查证所掌握的信息是否全面。

根据图 11 中的比歇尔的模型，最丰富的交流是面对面交流。面对面交流时，双方能够看见彼此的表情，听到彼此的声音，可以通过一些非语言的、视觉的，以及社会线索揣测对方的想法，同时确定对方也能理解并接受您的观点。

问题是，离线领导者很少遇到这么完美的情况，除了明显的困难，他们还面临着时间的压力和员工数量的制约。如果员工数量过多，时间有限，那即使是面对面交流，有些员工也没有提问或发言的机会。随着小组人数的增加，沟通一般都会以广播的形式进行，那么这些问题会一直潜伏，得不到解决。只有有人提出来，问题才会得以出现。在开电话会议或者网络会议时，如若您问听众"有没有什么问题"，那一定会遇到台下唏嘘不已的情况。

丰富性受到时间与空间的制约。会后 24 小时，如果您与两位同时出席此次会议的员工畅谈会议的内容，会发现他们的观点可能迥然有异。每一次都能进行面对面交流，这显然不切实际。事实上，员工遍布世界各地这一点既违背物理定律，又违背经济学定律了。虽然领导者提升了信息传播的广度，可以在电话或者邮件中发飙，不再需要坐车前往沟通、举行视频会议或坐飞机赶往现场，但却牺牲了信息交流的丰富性。

广度

时间与距离的问题隶属于广度范畴。电子邮件就是一个典型的广度大的例子，数千人在同一时间可以接收到同样的信息（至少理论上如此）。您无法看到读者的反应，听见他们的哀怨或欢呼，也无法即时回答他们的问题，无法保证他们是否真的理解您想表达的意思，也无从知道他们是否会听从您的指挥，甚至无法确定他们是否仔细地查阅了您的邮件。

第十二章
选择恰当的沟通工具

但这并不意味着丰富性比广度更重要。其实，保证各个地方和每个读者接收到相同的信息的能力很重要。如果您花了 3 天时间只为弥补一条 30 秒就编辑完成的信息所引发的过失，那就能体会到广度也是有其自身的局限性的。

完美搭配

观察图 11 可以发现，几乎每一种沟通方式都难以兼顾丰富性与广度。一对一的交流费时、低效，但匆忙地回复邮件，您的初衷可能会被误解，或者员工在执行您的提议之前还会抱有疑问。

大多数离线领导者都日不暇给，没有时间去选择恰当的、有效的沟通工具。还记得第四章介绍的核心圈领导力模型吗？领导者需要牢记需要传达的信息与沟通的目标，并根据目标选择合适的沟通工具。

网络会议就是很好的例子，若您使用商务版 Skype（网络电话）作为日常工作交流的工具，如图 11 所示，网络会议处于中间位置，丰富性较高、广度也较大，但换一种使用方式，如一对一的视频电话、指导与培训，网络会议的丰富性抑或广度就会提升。一般来说，使用方式的差异会影响广

度与丰富性的程度。

对于成员较少的小组，如果您需要展开头脑风暴，那您可能需要借助网络摄像头，使得全体成员在线参与。此外，您可能还希望能够以视频的方式记录下这次会议以备不时之需，或者以供没有出席的员工学习，这样的方式更能保证交流内容的高度丰富性。

另一方面，如果有100人参与会议，但没有使用网络摄像头，那么尽管您能将自己的想法传达出去（较大的广度），但却很难吸引与会者的注意，更无法了解听众的反应，也难以接收到反馈信息，及时地解答他们的问题。

这并不意味着这种方式就是错误的，这可能是传达及时信息的最佳方式。关注您所想传达的内容、传达的对象，以及需要达到的丰富性才是最关键的。

通常，领导者会出于这样或那样的原因（有好的也有坏的）更倾向于采用某种工具。在旅途中或在有时差的情况下，您可以通过邮件或者短信进行沟通，但如果信息内容较为敏感、复杂或者容易产生歧义，那么您还会为了一时方便而罔顾有效性吗？同样，如果您采用打电话的方式培训某位员工，是因为这是你们唯一可行的沟通方式，还是因为你们都不习惯网络摄像头而拒绝视频呢？（视频电话能够让对话双方看到彼此的面部表情与肢体语言。）

离线领导者不能忽略工作过程中这一重要的部分，他们必须了解自己使用的工具、熟悉这些工具的优劣势，因为只有这样，才能最大限度地利用这些工具的优势。

请停下来，反思下列问题

- 您与您的团队擅长使用哪些工具？
- 哪些工具是你们从未使用过的？
- 哪些工具是你们不擅长使用的？
- 你们是因为没有接受过相关培训，不懂如何操作而尚未使用某个工具吗？
- 你们曾经使用的这些工具对你们的沟通与信任的建立有何影响（正面影响与负面影响）？
- 对此，您会采取何种应对措施？

第十三章

给领导者的科技建议

第 13 条法则：只有最大化工具的性能
才能避免工作效率最低化

一项足够先进的技术应该与魔术无法区分。

——亚瑟·查理斯·克拉克

未来主义者、科幻小说家

詹姆斯惊讶地发现，虽然自己拥有许多沟通的工具，但使用或熟悉的却不多，他依稀记得自己当初在语音邮件与电子邮件之间的艰难抉择。现在团队面临着巨大挑战，能肯定的是新的工具能够解决这些难题，但是他不知如何下手，也不知道应该选择哪些工具，不知道应该如何利用有限的时间掌握更多的工具用法。这方面的问题得不到有效的处理，他就愈发会感到挫败，团队的业绩也会受牵连。

许多领导者都没有妥善处理好自身与电子沟通工具之间

第十三章
给领导者的科技建议

的关系。正如前面指出的那样，电子沟通工具对于离线领导者来说是一项挑战。领导者关注的焦点应该是工作的内容而不是工作的方式，他们需要完成任务，而科技是完成任务的过程中一个不容小觑的因素。

首先，领导者尤其是资深领导者，拒绝使用新科技的原因主要有以下三个：

·省的遭罪。过去没有这些工具，他们的工作依旧很顺利，所以他们就无视新工具的优势，排斥使用新工具。

·不自然。他们中大多数都不是数字型的领导者。相对团队中的其他人，他们年纪较长，不擅长使用科技工具，常常感到自己这方面能力不足，缺乏自信心，因而抗拒使用新式工具。

·新技术更新速度过快。当今世界，科技日新月异，日常工作的繁重使得很多人无暇关注最新的科技发明，无法使用最新的技术最大化地提高沟通的效率、提升团队的业绩，恶性循环因此产生。

谨记：不使用这些工具不是一种可行的方式，当意识到自己必须培养信任、促进沟通、提高会议质量时，领导者就需要针对不同类别的工作选择相应的工具（通过权衡丰富性与广度），然后尽可能地有效利用所选择的工具提高工作的效率。否则，在面对艰难的工作时，他们就会感到力不从心。

坦诚地面对自我——您可能并不擅长使用手头的某种科技工具。麻省理工学院的研究者提出了一个著名的似是而非的观点：相对于不使用新科技的领导者来说，能习惯使用新科技的领导者在其他方面的能力也更为突出，然而，绝大多数的领导者都无法适应新的工具。

幸运的是，您并不一定非得成为团队中技术方面的高级用户，您只需充分利用可供使用的技术手段实现目标，维持公信力即可。思路是这样的：要达成沟通目标，您必须选择最合适的沟通工具，然后有效地利用这个工具实现目标。

在这一章中，我们将简单了解各种类型的工具及其大致的类别，这里只包含部分工具，因为我们对于平台没有特别要求，所有使用的工具都是为了帮助我们的客户取得成功。实际上，我们之所以没有具体地探讨各种类型的工具是因为沟通科技的更新周期基本不足 6 个月。

如果我们单独介绍某种具体的功能或者某个工具，可能会对您的阅读理解产生误导，所以我们选择了根据一般性来讨论。您需要了解的是，90% 的合作平台本质上都大同小异，只是名称、标签不同而已。举个例子，无论您使用哪种平台，它都具有白板功能，您需要知晓这一事实，并且知道您可以

第十三章 给领导者的科技建议

使用这一功能。

讨论工具之前，我们首先要区分两种沟通工具，因为这两种工具都可以为您创造最大的优势。

- 异步沟通能够帮助您获取所需信息。分布式的工作场所有一个中央信息储存库，囊括所需信息，一个储存各类信息的虚拟的"文案室"必不可少，因时差或其他原因错过会议的员工，在需要时能够借此获取原有信息。

- 同步沟通是即时发生的，每个涉及的人都在场，这是一种大家最熟悉、最习惯采用的沟通方式，我们最初的人际沟通就是这种方式。然而，就当今的分布式工作场所而言，想要在同一时间召集所有员工（在网上或者同一间会议室）难如登天。

这就是为何这种区别尤为重要，试想一下，当领导需要召开网络会议时，一切事务都需暂停，包括那些尤为关键的工作。在这种情况下，这个会议没有改善工作，反而有碍工作的顺利开展。

科技工具在工作的完成过程中既可以扮演加速者的角色，又可以充当阻碍者的角色。具体科技工具扮演什么角色取决于使用方法。正确合理地使用正确的工具，能使工作变得透明化、责任化，同时也能够克服时空的制约。

每天都会有新的工具诞生。下面列举的清单不可能囊括所有的工具，不要再埋怨您的信息技术部门了，因为您所拥有的工具基本足以帮助您完成手头的工作了。如果您能充分地利用手头的工具，那您的工作会进展得很顺利。如果您的确缺少清单上的某项工具，可以向信息技术部门经理分享这一章节的内容（或者赠送他这本书）。

异步工具

提到工作场所的沟通，我们自然会想到 2~3 个人在同一时间面对面的交流。对于分布式的工作场所，1 周 7 天，每天 24 小时的工作模式来说，距离与时区的差异表明了时间表的差异。如果我们越来越依赖沟通工具，那沟通时也不再需要所有人到场了。例如：

◎ 视频与语音

领导者不仅需要多观察员工，还需要多出现在员工面前，我们一般将异步工具与文本类信息（留言板、邮件）联系起来，但是即便是寻常的公告，您也可以提高其丰富性。视频能让您在沟通中增加视觉的成分。相对于广播的语音信息，拍视频与使用视频都更简单。对于重要的公告，高清晰度、高质量的视频就很好，而随着智能手机的发展，Facebook 和 Snapchat 等程序的普及，您再也没有托词不出现在镜头前了。事实上，日常互动在信任的培养过程中占据了重要的角色。

您可以在网络上储存录音（稍后会详细讨论），但是许多视频服务，只有在安全的位置才可以储存视频。在这种情况下，您的 IT 团队可以设定一个只对您的员工开放的位置，只有您的员工有权限访问。

如果您不习惯出现在镜头前，或者不好意思使用网络摄像头，就需要克服这种心理障碍。最关键的一个因素是，一个团队的领导是否使用网络摄像头决定了这个团队是否使用网络摄像头。如果您自己都不经常使用网络摄像头，即使您强调网络摄像的重要性，那么您团队的其他成员也不会使用网络摄像头。

◎ 共享文件

试想你们团队的文件资料都储藏在一间文案室，你们不需要在一堆堆积满灰尘的盒子中翻找所需的材料，只需轻轻地点击链接即可找到最新的材料，SharePoint、Google

Docs、Basecamp 等产品都提供永久的、简单易查询的中央信息库。

如果领导者能够及时公开自己的交流信息（时事通信、群发邮件、其他文本，以及录音信息），就很容易实现信息公开化。即使大多数员工可能并不会利用这些工具，想要他们使用这些工具还需费点力气，您能够公开信息也已经在培养信任与兑现自己承诺的道路上迈开了重大的一步。

◎ 邮件

邮件的确是一种异步工具（虽然大多数时候邮件的这种功能并没有体现出来），如果您发送邮件之后，焦急地等待对方的回复，那您使用邮件的方式就是不正确的。事实上，如果您让员工处于一个尴尬境地，您可能就在扼杀他们的工作效率。在发送邮件后，您可以想象一下团队员工的想法，是希望他们放下手头的工作立马回复邮件，还在赶在截止期限前完成工作，又或者完成之前答应的其他同事的工作？如果您需要立即得到回复，建议使用同步工具，如手机、即时通信、文本信息等。

在以下几种情况下，最好使用邮件：

· 有广度需求。需要在同一时间给许多人发送相同的信息（以同样的形式发送）。

·有永久保存的需求。邮件能够永久保存发送的信息，您可以向任何一位律师确认这一点。谨记：法律规定邮件可以作为传票。

·有信息的完整性需求。尝试用"动脑、用心、动手"的方法，告诉对方您需要分享的信息（引发他们的思考）、这条信息对于他们的意义（表现出共鸣与理解）、明确员工在接收到新消息后应该怎么做（行动的步骤与时间的框架），这样的话，对他们而言能够理解事实情况；对于您来说，能在情感上更好地引起他们的共鸣（更能取得他们的认可，有利于您收到相关的问题与反馈），同时解答"我现在应该做什么"这个重要的问题。

同步工具

当然，即使大家能够进行即时的沟通，也不一定在同一地点。这时，同步工具就发挥作用了。

◎ 网络与视频会话

我们这里探讨的并不是录音信息（毋庸置疑，大多数视频会话都可以很容易地被记录并保存下来），日常的沟通低估了网络摄像头与视频的作用，这是一种一对一、面对面的离线终端会话，经常使用网络摄像头能够满足领导者与团队成员的需求。

许多人会认为网络摄像头更适用于广播信息，但是它在一对一的情境下其实更有价值。无论您使用的是何种工具，利用网络摄像头进行一对一的会话比对着整个团队说话更有针对性，因为就沟通的丰富性而言，个人会话的过程中肢体语言、语调、眼神交流最重要。

对于您的团队成员来说，网络与视频会话是一个有效沟通的机会，他们希望能够尽可能地亲眼看见、亲耳听见。同时，他们也需要有效地表达自己的想法与工作进展，亲耳听到对方同意采取行动的感觉与亲眼看见对方表示同意时的喜悦的表情。在这种情况下，您对于他们就不再是邮件中的一个署名或者视频中遥不可及的任务了，而是一个真真实实的人。即使他们看见您身着 AC/DC 的 T 恤在家办公或者看到您在机场办公，这也并不是一件糟糕的事。毕竟，领导也是人。

对于领导者，能够看见对方的沟通有以下三个重要的作用：

·提升交流。您沟通的目的是为了获得信息或者分享信息，从而明确接下来的步骤，您需要明确而清晰地阐明自己的观点，因此，结果会符合您的期望。没有视觉线索，您的提议可能听起来更像是指令，您也得不到想要的反馈，所以您的提议也就难以进行，甚至您会觉得自己的提议欠妥。

·减少孤独感。您不止会因为身为领导而感到孤独，在虚拟的世界中您也一样会感到孤独。我们与他人接触交流得越多，彼此之间的关系就会越紧密，孤独感也会越少。

·培养信任。沟通的内容越丰富，培养与他人之间的信任就越简单。反之，在没有视觉线索的前提下，很难建立信任关系，即使建立起信任关系，也很容易被破坏。

使用网络摄像头并不是多麻烦的事，您只需轻轻按下使用设备上的一个按钮即可。您需要充分利用您所拥有的工具的功能。

另外，养成下面这个新的习惯能够有效克服对网络摄像头的抵触心理。安排会议时，尽可能征求一下大家的意见（如，可以问"你们希望通过电话还是网络摄像头的方式进行谈话？"），给大家选择的权力，这会让大家感受到您已经适应了这项科技（无论您是否真的如此），这样会进一步增加领导者的可信度与透明度。

我们的工作一直公开透明。下面是凯文·艾肯伯里集团几年前发生的一个故事。

凯文确定网络摄像头能够提高会话的效率，因此要求每位员工必须使用网络摄像头。毋庸置疑，这项要求遭到部门员工的抵制。为此，凯文并没有强行要求每一位员工必须使用网络摄像头，即员工可以根据个人需求决定是否使用。只有会议的内容较为关键或者议题较为复杂时，凯文才会要求所有员工使用网络摄像头，因为他认为，视频能够促进问题的讨论与解决。目前为止，一切貌似顺利，不是吗？

然而，这种做法有一个不好的后果就是，只要凯文想要通过网络摄像头与员工们对话，他们就会认为这预示着将有麻烦或者坏消息。因为，他们通常自己决定是否运用网络摄像头，一旦凯文剥夺了员工的这项权利，则预示着有坏消息公布。经过无数次尝试与失败，我们现在要求无论是普通内容还是重大内容的沟通都尽可能地使用网络摄像头。有些员工经常使用网络摄像头，而有些员工则能不用就不用，但这已经不再是大问题了（至少凯文希望它不再构成一个问题）。

◎ 手机短信与服务

手机短信与即时通信都是基于文本的同步信息工具，也经常被归为一类。然而，事实上，它们是两种不同的工具，使用方法上有很大的差别。

手机短信大有裨益，一天 24 小时可以随时联系员工的电子设备。当一条短信的传播较广时（不是范围广就是速度快），其效果会很好。

当然，短信一般只能在手机上操作，不能在其他设备上进行，这就意味着员工必须时刻拿着手机随时接收（回复）短信。

另外，大家一般只会快速地浏览短信，因此常常会出现错误解读信息内容的问题。根据威瑞森的统计数据，85% 的员工会在盥洗室回复信息——只有剩下 15% 会认真阅读短信。鉴于此，发送手机信息不失为迅速吸引大家注意的好途径，但当信息过于冗余时，效果会降低（甚至引发问题）。

谨记下列有关短信的注意事项：

·短信为了工作服务。它事关您团队大部分日常工作的运转。

·您拥有职位权力。不管您有意无意，文本形式的请求或要求，在员工看来，都好像是命令，所以用短信沟通时，要非常注意语调与礼仪。

·当需要即时发送信息时，手机短信效果最好。大多数员工现在都能够第一时间回复手机短信，如果您尊重员工的私人时间，期望他们在特定的时间范围内检查短信，就请不要随意发送短信，否则收到短信后，他们会放下手头的工作，阅读短信。您发送的短信内容最好值得他们这样做，否则他们可能会认为您控制欲太强，是一个名副其实的指挥控制型领导。

大多数员工在家休息期间，收到您的短信——"你现在有时间吗？"无论是否真的有时间，他们都会回复"可以"，就因为您是上司。虽然您可能真的是诚心征求对方的意愿（如果您的确希望知道他们是否真的有时间，并不希望因为自己的职权让他们有被强迫感），但他们并不觉得自己有选择的余地。"你现在有时间吗？"这样的信息会让员工认为您在请求他们，所以您可以详细点，"我马上要参加一场会议，需要相关方面的信息，你现在有时间吗？或者你什么时候方便？"虽然信息可能会变冗长，但这样能让对方感受到您的确是在真诚地征求，而不是命令。

◎ 即时通信

即时通信是较大通信包中的一部分，可以跨平台使用。我们只能使用手机发送短信，但我们可以在所有设备上使用Slack、QQ、微信（即时通信工具）。

虽然短信可以很容易吸引注意力，得到简单问题的简易回答，但相比于短信，即时通信具有下列优势：

· 拥有真实的键盘。您的孩子可能需要双手操作，但我们大多数人在真实的键盘上打字可以更加清楚。

· 您无须同时执行多重任务。短信可以在旅途中编辑，相反，即时通信会话则需要专注力。

· 员工关闭即时通信。当信息无须即时处理时，即时通信优于手机短信，因为他们将即时通信视作工作的一部分，可以随时关闭，登录后获得信息。

· 即时通信与工作更加紧密相连。使用即时通信平台更容易获取文件、邮件等信息。虽然可以在短信中粘贴链接，但通过即时通信发送附件、在电脑屏幕上点开链接、复制和粘贴起来都更加方便。

总的来说，即时通信在涉及其他信息同步的、详细的会话方面极具优势。

◎ 电话与电话会议

手机是您从小到大耳濡目染的商界沟通工具，且便于携带，它总是最有效的沟通工具。您可以利用手机直接与对方进行对话，可以获得语音线索。现在，每个人都是1周7天，每天 24 小时手机不离身。您可以利用手机随时与对方联系。

使用手机也有许多缺点。比如，有时听不清对方说话、有些场合不适合打电话或者手头还有其他事务需要处理，如在留心航班通知的广播、在高速路上行驶或等待咖啡师冲调焦糖拿铁咖啡等的情况下，就难以全心接电话。

电话会议无法兼顾所有员工的反馈，甚至根本得不到一些员工的反馈，表面看起来，有些员工提供了超多的反馈，但很可能并不是您想了解的。另一方面，有些员工可以很容易躲开参与电话会议。只要能积极提高员工的参与度，这些弊端就是可以克服的。

◎ 网络会议

如果网络会议使用得当，网络会议可以很好地取代会议电话与一对一电话。遗憾的是，到目前为止，人们只使用了其中 20% 的功能。

本书中介绍了市场上流通的多种网络会议的工具，我们并不是精通所有的工具，您也不需要掌握所有的工具，只需要知晓一点就是，它们的主要功能大同小异，但能够提高会议的效率。具体如下：

- 网络摄像头；
- 白板能够捕捉重要信息，促进头脑风暴与团队合作；
- 通过聊天获得反馈，确保员工的意见得到重视；
- 投票或调查；
- 发送、保存文件，共享信息。

如果您并不了解这些特征，建议向团队或者组织中熟悉这些工具的同事了解情况。如果您的日常工作中需要用到这些工具，那您真得应该向熟悉这些工具的同事多多请教。

虽然有必要了解这些可供使用的功能以提高会议的效率，但并不是说您非得亲自主持每一场会议。事实上，过多地关注网络会议的细节问题是舍本逐末，结果可能是气氛僵硬、费时低效、不尽如人意。

假设在一个下着瓢泼大雨的日子，您驾车在一个陌生的街区寻找一个地址，您会怎么做？大概为看清周边地势，会关了广播，这是自然的反应。我们的大脑在同一时间处理的信息量有限，需要屏蔽一些无关信息。网络会议的信息量巨大。在网络会议中，我们的关注点越少越好，只有这样，才能充分发挥这些工具的功能。

即使您清楚会议展开的情况，也知道如何使用不同的功能一步一步实现会议目标，但不停地操作也会导致分心。如果能够安排专门的操作人员，确保白板上的书写无误、使每

位与会人员都能看清幻灯片上的细节，您就可以专心听会，将精力专注在会议所研究的问题上了。

了解这些工具的功能并且购买（毕竟您或团队中的其他人从这些工具中受益），这一点很重要，您并不需要成为某项科技的使用专家，重要的是实现目标，而不是谁负责操纵这些工具。当然，如果领导者不能起到带头模范作用，这些目标也不会实现。

◎ 亲自现身

面对面、一对一的交流模式最高效，不能因为有了网络交流的多种方式，就认为不需要驾车或者坐飞机与团队其他成员会面了。需要考虑下面的问题：在何种情境下，您需要见到团队其他成员？您需要为此投入精力与金钱大约是多大？这方面的投资所产生的回报可能远超过直接成本，建议您将这方面的支出纳入预算。

如何实现

这一章围绕领导者应该如何选择工具和何时使用这些工具展开。如果您希望某项技术能够更好地服务团队中的每一位成员，那么每一位成员都应该参与这项技术的讨论。因为自上而下的命令"我们即将使用这种工具"通常会遭遇抵制，而需要邀请他们就"在何种情境之下应该使用何种工具"展开讨论，他们则会找到最适合自己的工具，也能就何时、如何使用、何种工具达成共识。这会大大减少过程中的阻碍，同时，也会大大增强员工对于新工具的关注度与使用率。虽然最终选出的工具可能并不符合您的预期，或者并不是您最习惯使用的，但这是您的工作。

请停下来，反思下列问题

- 您最习惯使用哪些工具？
- 您最不习惯使用哪些工具？
- 如果您使用这工具，它们将如何帮助您更好地进行工作交流？
- 您会请教谁直到您熟练操作这些工具？

总结

- 您在哪个领域能够有效吸引他人?
- 您在哪个方面能够改善您与员工共处的方式,尤其是远方的员工?

目前进展

- 您会采取什么具体措施来有效地吸引他人?
- 您将何时采取行动?
- 您需要什么样的帮助?
- 您将在何处开始?

第5部分
自 我

介 绍

目前为止,我们已经讨论过领导力的重点——成果(我们的目标)和他人(能够帮助我们实现目标的人)。接下来我们将探讨领导力的核心内容——自我。这一点探讨起来较为困难,理由如下:

· 人类并不擅长自我意识。

· 我们都有自我意识。但一些人妄自尊大,一些人妄自菲薄。

· 难以适应。虽然您可能质疑这部分的重要性,但我们可以肯定地说,它很重要。

接下来,让我们细细道来。

如果您是服务型领导,那您会倾向于最后考虑自己,或者至少首先考虑其他利益相关者的利益,正如以上论述和3O模型所揭示的那样,极端些说,关注他人会导致您疏忽自我,忽视自己的心理、身体与社交需求。如果您已经推迟了许多假期,或者您的配偶抱怨您把工作转移到沙滩上,那您就能感同身受了。

如果您是命令控制型领导,一旦您不能掌控工作进展,确保工作按照自己的意愿展开,您就会感到挫败、抓狂,您频繁索要数据会严重干扰员工手头工作的开展，过问每一个细节会导致您力倦神疲，更重要的是没人会愿意与一个微观管理者共事。这种领导方式会导致与您一同工作的趣味性大打折扣。

最糟糕的是，倘若您努力成为一名服务型领导，担心自己的控制欲太强，那您可能会内疚自责、首鼠两端、瞻前顾后、迟疑不决。

无论您是何种类型的领导，或者您期望成为何种类型的领导，您都不能因为关注成果和他人而忽视自我。要知道，一个体力透支、精神不佳、与社会隔绝的领导是无法成为一个高效的工作者的。

我们应该坦诚地面对自己的工作，并照顾好自己。我们拥护奥普拉的一个核心理念：一个连自己都照顾不好的人是不可能照顾好别人的。如果您焦愁、忧虑、心力交瘁，难以意识到自己对于员工的影响力，那无论您和您的团队成员在何地工作，都无法成为一名高效的领导者。

我们调查的领导者绝大多数都认为自己的离线领导很成功，他们对于离线领导所面临的挑战的反应主要有以下三种：

·沟通以确保信息的准确解读。

·牢记截止期限前的工作的重要性，因此压力较小，成功的概率较大。

・指导管理业务工作。

这些担忧是领导者工作的主要内容,我们的调查显示,许多领导者虽然实现了工作目标,但却质疑这些目标对其团队的支持性,也无法确定员工对于自己领导能力的看法。

哪个领导者甘愿接受"工作大多数时候进展顺利"?

第十四章

获得真实反馈

第 14 条法则：寻求对成果、他人，以及自身最有益的反馈

反馈是成功的第一步。

——肯·布兰卡德
管理专家、作家

尼科尔希望自己能够成为一名高效的领导者，她工作认真，努力践行最新的领导方式，但她常常感到沮丧与困惑，渴望知道自己领导的效果，常常对自己的行为不满意。一天的工作结束后，见不到效果，会严重打击她的自信心，她会为此而感到失落。

与员工在不同地方工作的领导大都缺乏能够帮助自己站在更高层面统筹大局的及时反馈。如果领导者不能定期获得员工的真实反馈，他可能会因糟糕局面而勃然大怒，或者忽略一些错综复杂的事实，这会导致滑稽的局面或者一些注定失败的决策。如果您能够观察到员工脸上恐惧的神情，或许您就改变甚至摒弃了自己对他们的一些要求。在会议室或者工作室，您可以从员工的神情得到反馈，但是您无法从电话或邮件中解读他们对于某一项决议的真实反应，有何种机制能够帮助领导收集这些信息从而做出明智的决策呢？

想法的萌生

领导者的职责在于指出远大方向并且能够妥善处理琐事，他们的大脑不停歇地运转，一小时可能萌发的想法就有数百种，其中一些是有价值的（"我们应该提高我们的品牌形象"），一些则是不切实际的（"如果我们在丹佛增设一个办公点情况会如何"），还有一些则是天马行空的（"八字胡很酷，对吧？"）。为了将自己的想法分类，选择正确的想法，并付诸实践，他们需要反馈。

韦恩曾经的上司是一位他十分敬重的女士，但是她每一次从外地赶到韦恩办公室时，韦恩都会被恐惧吞噬，因为这位上司十有八九都会以"在飞机上，我读到一篇关于……的文章"展开话题。

在跨国航班上，她总是能够读到一些振聋发聩的文章，并反复斟酌，想象各种不同的场景。她是一个乐观的人，总会预想种种可能性，甚至构思开始实施到最终结果的层面，遐想未来的成就，抵达韦恩办公室时，她会满腔激情，侃侃而谈，甚至要求立马行动起来。

问题是，她总是不断冒出新的计划，不可否认其中的一些的确有价值，但是更多的时候，这些新的计划与目前已经开展的工作是自相矛盾的，甚至还可能会导致不好的后果。韦恩知道万万不能直白地告诉上司"看在上帝的份上，拜托您不要再在飞机上阅读了"，他只能选择一种委婉的方式，"我们最好先冷静下来，这个提议有待进一步商榷。"这些想法很多时候都会被否决或者被改为一些切实可行的建议。当然，这也是因为韦恩的这位女上司是一个理性的人，能够接纳这种积极的反馈。

我们并不是在提醒您停止遐想，放弃对美好未来憧憬的热情，只是您必须谨记，切勿一言堂，在实施决策之前需要充分了解员工的意见，否则您的盲目决策会导致整个团队的迷茫、恐慌，甚至会破坏团结性。

正确的声音

当然，领导不只会关注脑海中那些积极的、行动导向的、具有启发性的声音，也会受到那些消极的自我对话与悲观主义思想的干扰，这些负面思想会磨灭您的激情、束缚您的行动。如果您能从个人观点的羁绊中解放出来，倾听他人的意见，您就能够摆脱这些消极思想的牵制，但领导者大多数时候都是孤身一人，鲜有与他人沟通的机会。

如果您的团队成员距离您很遥远，那你们沟通起来就比较困难，交流也大都是围绕业务展开。领导者不征求反馈的情况已经很糟糕，倘若团队成员再不提供反馈，情况只会更糟。对于离线团队来说，问题则愈发严重。

此外，独自一人与孤单是两码事。科学家发现，独立思考是有益的，我们每个人都需要思考、遐想、放松、恢复精神的独立空间，但是，过长时间的孤立会对我们的行为、心情与健康产生恶劣的影响，即使是性格最内敛的人也需要一定程度的社交，正如我们在此书中多次提及的那样，领导者需要密切关注这种隔离，也需要小心避免您的离线团队成员产生这种心理。为此，领导者不仅必须保持警惕，还必须征求员工对领导和整个团队运作的意见。

最后，友情提醒，成为具有奉献精神的、关爱他人的领导的不好的一面就是，他们往往容易忽略自我需求，因为当您过多地关爱身边的每一个人，您就会牺牲自我了。

数据与背景

在调查中，许多人问"如何获得有价值的信息，从而制订正确的规划策略"？有必要知道的是，信息来源于两种形式：数据与环境。

数据的获取相对简单，我们可以通过提问来获得数据，如我们可以问：我们上个月的销售业绩如何？顾客对我们最新的产品的评价如何？我们能否成功吸引目标顾客……无论您与团队在何处工作，你们都可以获得这方面的信息，现代科技也可以保证您随时获得此类信息。

与数据不同，背景是对原始数据的解读并将其转化为具有实际意义的信息。比如，正常的月销售量为 1 000 件，而这个月您的产品销售量达到 2 500 件，这就是好消息。如果正常的月销售量为 10 000 件，那就属于坏消息。问题在于与其他数据的对比，但是您的员工对此有何看法？他们是积极活跃还是消极气馁呢？根据他们反应的不同，您需要有针对性地采取不同的措施与沟通方式。

您鼓舞士气的演讲会不会适得其反，反倒严重挫伤员工的积极性？我们对于数据、背景的处理与反应决定了我们自己的行为和我们所领导的行为，但是领导者从何处获得背景

信息呢？

背景信息来自于不同渠道的反馈信息。

征求反馈能够显著增强沟通与领导的效率

当您在厂房巡视或者亲临工作室时，您能清晰地感受到团队成员的心情，而当您在距离最近的员工还有约 800 千米的办公室时，您得出的结论仅仅是基于您个人的感受、邮件中的零碎信息或与某个团队成员的简短对话，征求反馈能够显著增强沟通与领导的效率。

征求反馈

面对挑战时，我们的自然反应是询问自己所信任的人的看法，这是一个良好的开端，但还远远不够，因为存在权力不平衡的问题。如果您位高权重（您有能决定员工的去留大权），您所得到的信息的真实性难免会因为"您的行为会影响他们生活的诸多方面"这一事实而大打折扣。

电视节目《卧底老板》完美地揭露了这一事实（对于一些位高权重的人可能有点残酷），公司的 CEO 身着便服深入基层，了解公司日常运作，员工在不知对方真实身份的前提下客观地评价 CEO。无论信息的好坏，领导者通常都会对了解到的情况大惊失色，重新审视自己的看法与实际工作之间的差距。一方面，参加这个节目有助于公司的品牌建设，提高品牌影响力；另一方面，CEO 们也是煞费苦心，不失时机地借助这个机会摸清真实情况，征求意见。

这并不是一个全新的理念，《一千零一夜》中聪明的苏丹王就会在夜间微服私访，了解城市的真实面貌。道理都是一样的，无论一个领导者多慈悲，多受人爱戴，想要获得真实的反馈都绝非易事，您该如何验证自己的假设，更加有效地权衡决策，在领导过程中最大化成果，最大限度地服务他人呢？

当征求别人对自己的意见时，尤其是作为一位领导，需要牢记以下几点：

·从现有证据入手。在征求他人意见之前，查阅相关文件、邮件，以及会议笔记。员工的感受如何？他们对您的所作所为和您的决策持何种态度？

·确定您信赖的人。不要将此与您所喜欢的人或对您言听计从的人混为一谈。值得信赖的建议者有很多：您所知道犯颜直谏、真心关心您与您的事业之人、身怀您缺乏的专业技术的合作者，以及掌握有关其他利益相关者（如员工、顾客、管理者等）的一线信息的人。注意：如果您团队中这样的人很少,那么您的领导就出现问题了。回顾我们所提到的信任三角形,坦诚地面对自己,分析问题的根源。

·进行开放式提问。记住无论您多么真诚地询问,您提问的方式都有上司的影子,"你认为这种方法有效吗？"既然您这么问了,您就会倾向于肯定的回答,或者若您愁眉锁眼,员工会猜测您对此抱怀疑态度,也会顺势表现出自己的怀疑,所以建议您这么提问,"根据你所了解的信息,你认为这种方式怎么样？会存在哪些问题？你认为大家对此的态度如何？为何如此呢？"您需要进行开放式提问,而不是拘泥于预设的框架之中。

·征求反馈时,运用 PIN 技巧。PIN 代表"positive 积极""interesting 有趣""negative 消极"。通过采用 PIN 技巧并鼓励身边的人采用这一技巧,您就能得到更多真实的反馈,也更能够接纳自己所得到的反馈信息。

·positive 积极。描述某一想法、情境或行为中有价值的地方。首先探讨积极的方面,避免了即刻的辩解,从而提高对话的效率,增强信息的应用。

·interesting 有趣。由于情境或想法可能会较为复杂,建议进行深入探讨——这是在反馈中建立信任的途径之一,讨论有趣是一种我们对于知之甚少的事情和员工的想法进一步了解的折中的方式。

第十四章
获得真实反馈

·negative 消极。提出对于想法或行动的反对意见、担忧和负面结果。在得到积极方面肯定的前提下，人们更能接受质疑声。

在领导过程中需要不断利用 PIN 技巧，它的作用才会最大化。如果您采用这种方式解决问题，您的团队成员耳濡目染，最终也会以这样的方式进行沟通。

·尽可能丰富谈话内容。众所周知，电话里您无法观察到对方的眼神，无法知道他们是否对您的观点鄙夷不屑，想要获得反馈，建议在选择交流媒介上多花时间，在充裕的时间内运用您熟练掌握的工具安排谈话，如网络摄像头、电话和会议工具。

·延伸对话。如果您所考虑的事的确很重要，那员工在谈话前后都会认真思考。想要得到深刻的见解，员工应该在谈话前准备充分（突发奇想的问题很难引发深度思考，因为员工的关注点不在这）。如此，你们的对话才会真诚、坦率，但事实上，您有多少次在挂完电话时，方才想起自己忽略了某些方面或者认为换种表达方式更好？利用邮件或者其他方式：共享人们可以随时查阅、随时更新的文件夹或文件，等异步手段能够帮助您弥补想法漏洞，同时帮助您一再斟酌，重新评价反馈。

对于领导来说，树立自我意识的最佳途径之一就是运用

360评估，这是一种可以受益您的团队、您的同事，以及您的上司的匿名反馈的方式，包括来自外部利益相关者（顾客、供应商）的反馈。许多组织已经将这一环节纳入业绩评估中。其应用过程中的注意事项如下：

·必须采用匿名制。

·得到的数据的质量由您所提出的问题的质量决定。

鉴于此，许多领导者与组织通过外部机构展开此类调查，正如苏丹王和《卧底老板》中的那样，结果会让您大开眼界。

请停下来，反思下列问题

- 您是否能得到足够的反馈？
- 您对所收到的反馈的真实性有多大把握？
- 您是否会定期收集反馈？
- 您对于反馈有多包容？

第十五章

与自我对话

第 15 条法则：检查自己，与自我对话——决定您的领导方式

自尊是我们自己为自己挣得的声望。

——纳撒尼尔·布兰登
作家

南森是一位成功的个体投资商，最近荣升了领导，虽然领导经验匮乏，但他用自己的方式成功领导着员工，他认为自己的工作完成得相当出色。领导者肯定了南森的业绩，并再次提拔了他。现在，南森需要领导远在三个国家工作的团队，这对他来说完全是新的领域，他经常在午夜时分失眠，认为自己尚未做好迎接挑战的准备，唯恐自己能力不足，不知道能否克服重重困难顺利完成工作。

优秀的领导者应该拥有一个相对健康的自我形象。如果您坚信自己大多数时候都是正确的、是有实力的、是完成某项

工作的最佳人选，那么，您就不会自我否定，除非您本人就是一个十足的反社会者。然而，您脑海中的声音并不总是支持的、积极的。

还记得华特·迪士尼的电影《木偶奇遇记》吗？电影中一个英雄角色是蟋蟀杰明尼，代表着木偶的良心，它总是及时地提醒少年注意自己的行为。如果匹诺曹从事某些行为，那他永远不会成为一个真正的男孩，有时他会听话，但他常常不听，但至少他的工作并不仅仅是因为他的木头在胡思乱想。

传统神话中，杰明尼位居御夫座，是罗马皇帝的一位护法，他在重大事件中会站在罗马皇帝的身后，时刻提醒他，"记住，您就只是一个凡人"，这样皇帝就不会因为群众的仰慕与恭维而迷失自我。虽然这份工作并没有让杰明尼备受追捧，但是举足轻重。

假如这位护法是一个极其消极的人，只会一味地呵斥"你个笨蛋，怎会有人爱慕你"，而不是提供积极必要的提醒，如"您确定要这么做吗？"那凯撒大帝会受到怎样的鼓舞去做出艰难的抉择或者变革呢？极端的消极思想会改变凯撒大帝的统治方式，甚至可能会颠覆历史。

我们对自己的信仰决定了我们未来的成就，我们的信仰通过自我对话形成并得以巩固。提出问题，进而检验假设是自然的，必要的，自责与消极观念极具破坏性。另外，与自我对话的好处是您可以随时改变话题。

在自我的对话朝着不健康方向发展时，会有一些征兆显现，而将它向良好态势转变同样也会显出端倪。

· "您就是一个笨蛋，这是最蠢的主意。"真的吗？总是如此吗？遇到类似的情况时，您可以回归内心，问问自己，"谁说的？"如果您严肃对待这个问题，您需要面对一些客观的事实，是否有证据支持或反对您的观点与假设，您不可能是一个笨蛋，您的想法更不可能是最糟糕的。

· "我不能这样做。"我们使用的词汇较为关键，"不能"是对事实的陈述。它无法完成，说明它违背了物理世界的自然规律，例如，我真的无法用双手举起大象，就像说我不能用铲子打你，实际上并不是真的，因为我有能力这样做，但是这可能不是一个好主意。当你对这一点感到沮丧时不要说你不能做某事，改变这个词，说"我还没弄明白怎么做"或"直到现在我还没能做到"。改变措辞为意识到存在困难，但仍然接受成功的可能性，这会改变你的内部动机。

"我不能这样做。"这句话还表明你可能需要其他地方的帮助，也许你试图解决的问题需要一个不同的解决方案，但当你陷入"我不能"时，很难看出来。你绝对不能用双手举起大象，但如果你想要的是高架厚皮动物，附近的绳索和滑轮可能会有所帮助，可能仅仅因为你尝试的方式不起作用，但并不意味着目标是无法实现的，这只是意味着你需要停止做你正在做的事情并再看看。对于"不会""从不"和"不可能"这样的词语也是如此。

• "我是一个骗子，终会被揭发的。"这种感觉就是"骗子综合征"，据估计 70% 的领导者都饱受这种折磨，下面是一些应对这一症状的途径：

△检验您的假设。意识到该在什么场合表达"我没有能力"，当您徘徊犹豫时，问问自己，"谁说的？"

△接受积极反馈。当别人称赞您精明能干时，不要无视或者轻视这些评价，而要选择相信这些评价。如果他们没有发现您身上的闪光点，他们为什么会这么称赞您呢？

△寻求帮助。记住，即使是最优秀的人也需要向其他人寻求帮助、反馈和解答。

△想想曾经的成功。您过去取得了一些成就，未来您将取得更多的成就，回想自己曾经面对的类似困难，想想自己当时是如何应对的。

△以对待能者的方式对待自己。切勿接受您自己不会提供给他人的反馈，您会用"百无一是"或者更刻毒的字眼去消

遣别人吗？您断然不会这么做的，这种评价无济于事，只会进一步激化矛盾。

- "一直以来，我都比较幸运。"拉斯维加斯（美国内华达州最大的城市）是建立在一个非常简单的原则基础上的："您现在的成就全依仗运气，但世上根本没有运气这一说。"所以，切勿否定您过去所取得的成就与创造的辉煌。

当您发现自己深陷消极的自我暗示时，您需要打断自己，不妨出去散散步或者做一点不需要脑力活动的家务活，花点时间回顾一下自己过去取得的成就，问问自己一些积极的问题。上一章提到的PIN方法不仅对他人适用，对于我们自己也适用。既然我们能理解别人，为何不能对自己宽容些？

另外一种解决自我对话的方式就是停止与自我对话，转而与他人对话。给员工打个电话，指导一下他的工作；联系先前的同事，他们会告诉您当年共事时您在他们眼中是多么的才华横溢；给您的母亲打电话，她老人家接到您电话的喜悦会让您立马信心倍增。

接触他人需要付出一定意志的努力，尤其当人饱受消极情绪折磨时，此时，即使是最寻常的互动，也会有助于摆脱消极思维，重拾信心，肯定自我。

请停下来，反思下列问题

- 您怎么看待自己的领导者身份？
- 您的观点是如何促进或阻碍您的进步与成功的？
- 消极的自我对话会打击您的自信心或干扰您的决策？出现频率是多久一次？
- 当深陷消极自我对话的困境时，您会采取何种积极的方式重整旗鼓？

第十六章

设定合理的界限

第 16 条法则：接受能力有限的事实——切勿飞蛾扑火

没有人的生活是自然平衡的，都是每天理智选择优先权的结果。

——伊丽莎白·哈塞尔贝克
The View 的主持人之一

艾莉森是一位有着两个男孩的母亲，她工作兢兢业业，最终成了一名项目经理，她本人也很为自己取得的成就自豪。她住在芝加哥，而她最近负责的项目涉及纽约、旧金山，以及新德里。由于地理位置的原因，她与项目组成员交流起来并不是很方便，与团队其他成员的交流需要克服时差引发的困难，这就意味着有些成员（经常有她本人）必须要在工作以外的时间工作，这种工作性质剥夺了艾莉森与丈夫和孩子共处的时间，她感到焦头烂额，精疲力竭，她希望自己能够多陪陪家人。她很清楚，想要兼顾工作与生活，必须重新规划自己的工作与生活。

有关领导力的原则不胜枚举，比如下面三个：

- "我绝不让员工做我自己不愿意做的事。"
- "责任人就是他（们）。"
- "我并没有这方面的经验，但是我会负责到底的。"

每一句话都在讲述一个真理，这就是它们经久不衰的原因，而问题在于至今工作从未中断过，我们的工作几乎或越来越趋向全年无休，24小时营业，但是您是凡人，不能每秒钟都在工作。

不容置疑的是，即使您尝试，也是做不到的。

您所面临的最大挑战之一就是在肩负起您对组织、员工的责任的同时照顾好自己。只有这样，您才能既是一位卓越的领导者，也是一个健全的人，一位合格的配偶、伙伴、邻居，以及一个对社会有用的人。

20世纪50年代，《穿灰色法兰绒套装的男人》一度引发热议，里面典型的纽约商人就把他所有的精力投入到了他的业务中，他匆忙地进出办公室，甚至在家中也还在办公，这种情况常常会导致家庭的破裂，最终夫妻分道扬镳。

当时所有的业务在同一座城市或者同一时区进行，电子

第十六章
设定合理的界限

邮件、手机尚未出现，因而每日的工作在下班时可以告一段落了。

现在，每一天似乎与第二天交织在一起，当夜晚时分波士顿办事处结束一天的工作后，您还需要关注旧金山的工作，要与新加坡的代表进行会谈，谁又知道班加罗尔当地的时间呢？如果波士顿的员工需要支援，您还必须解答他们的问题……这样一个无限循环的过程。

我们的调查对象普遍反映，不希望自己的私人时间被侵占，但由于有问题需要解决，即使在非工作时间，他们仍然在接工作电话、回复工作邮件，他们知道这么做牺牲了生活的重要部分，如自己的家庭、爱好，但无论他们怎么做，总会有人失望，包括他们自己。

新式的离线工作面临的重要挑战之一就是在保护个人时间的同时，让自己的团队可以联系到自己。在家办公虽然可以让您更多地和家人待在一起，但是，当您在孩子的足球比赛过程中，回复工作邮件而错过得分时刻难免有点煞风景。告诉自己"不再回复任何邮件"或"我已经下班了，应该把工作抛诸脑后"是一回事，实际做起来却收效甚微。优秀的领导者都对自己期望较高，努力实现工作与生活的平衡。

韦恩曾经在一家合约商遍布全国各地的公司工作过，他试图要求他们承担某项工作但却遭到坚定的回绝。"我是绝不会要求您去做我自己不愿意做的事的。"韦恩恼怒地说。其中一位合约商停下来诘问韦恩,"但是这世上有您不愿意做的事情吗?"这是一个说得过去的问题——韦恩愿意承担工作的底线是什么?韦恩意识到自己几乎没有底线,因为他自己的确承担并完成了一些超出个人负荷的工作。的确,他并没有要求别人去做他自己不愿意做的事,但是,这是他自己愿意承担起来的吗?另外,这些工作真的值得如此付出吗?

您如何确保在完成本职工作的同时兼顾自己的私人时间、家庭责任和身体健康?当您给自己设定高要求时,您也会以同样的标准要求其他人。切记,并不是每个人都要像您一样工作,您做事的风格也并不一定就是最佳榜样。不要忘记,您的核心离线团队成员很少能观察到您的工作方式,所以,无论愿意与否,您的所有行为都被夸大了。您的团队成员,他们又会如何看待或夸大自己的工作?

一个残酷的真相:如果您认为自己是所在的组织中不可或缺的一部分,缺席几个小时或者几天,组织就不能正常运转,那么您就大错特错了,暂且抛开您的自负,问问自己:如果我明天就被车撞了,我们的团队会如何运转?

第十六章
设定合理的界限

如果您认为自己是所在的组织不可或缺的一部分，缺席几个小时或者几天，组织就不能正常运转，那么您就大错特错了

这个问题能量巨大，因为它促使您重新审视那些侵占您界限的问题：

·员工是否清楚自己的职责呢？如果他们频繁等您做决策，请求您的批准，您需要考虑可能出现这些问题的原因。如果他们并不知道自己应该做哪些工作，那您可能需要开展培训；如果他们知道自己职责但仍旧向您请示，是因为他们自信心不足还是因为您不够信任他们？一定要赋予员工做决策和采取行动的权力。

·您是唯一能够解决问题的人吗？员工经常向自己的上司请示工作，是因为他们不知道还可以请示其他什么人还是因为他们不信任其他人员？身为领导者，您有帮助员工了解寻求帮助的途径并鼓励他们遇到问题时积极向他人寻求帮助吗？或者，当他们向您请教时，您是从自我的角度解答还是因为您真心想帮助他们？如果您没有鼓励他们彼此信赖，他们只会更加依赖您。如果您还没有一个在线异步的资源中心，如共享文件、SharePoint等，建议您采用一个。

·您的员工安置合理吗？如果您担心自己晚上下线时，达拉斯的爱丽丝无法处理1~2小时的事务，那么您会采取什么措施来应对呢？您让爱丽丝知道您是因为对她信任才放心在晚上休息，还是安排某个能够完成该项工作的员工完成任务？如果您不相信员工能够承担起自己所在岗位的职责，您只能选择自己来完成，这就意味着您需要牺牲自己的健身时间。

- **您会保护自己的时间吗？** 凌晨2点不再回复邮件，知之非难，做之不易。如果您需要放下手头的工作，花3个小时参加孩子的圣诞派对，您的员工知道吗？他们无须知道具体事由（虽然对您的员工来说，这可能并不是坏榜样，甚至是好的典范），但是如果您通过状态更新、语音邮件或者其他工具告知他们这一情况，就会减少他们的压力。如果他们确定您会准时回来，就不会给您发即时通信、邮件、信鸽了。如果您利用闲暇时间回复了工作邮件，不管出于什么原因，也要让他们知道您并不期望他们也利用闲暇时间办公，在闲暇时间回复您的邮件。

- **您假期会回复邮件和电话吗？** 我们中大多数人会在度假时抽出时间回复邮件，问题是，如果定期搁置工作，您会因为没有保持工作、没有利用自由时间而有负罪感而感到压力倍增？如果您在假期工作，就等于您把工作搬到了沙滩边。

查看您团队的工作进展与流程，哪些环节是您没必要参加的？哪些是您可有可无到场存在的环节？缺少这样的环节是否行得通？组织中还有其他什么人能承担这些责任？

虽然在第八章中已经探讨过有关委托的问题，但还是有必要再次重申。如果您成功地处理了委托的问题，您就为团队未来的胜利奠定了基调，您本人也会获得更多有质量的时间。

请停下来，反思下列问题

- 您是否妥善地处理了工作与个人时间之间的关系？
- 具体来说，哪项活动占用了您的时间？您会如何减少在那项活动上的时间？
- 您现在负责的哪项活动完全可以由其他人代替？那个人是谁？
- 在确保成功的前提下，赋予他们这项责任需要付出什么代价？
- 您如何让您团队内的其他成员了解这一点？
- 您会如何执行它？
- 您需要什么帮助？

第十七章

设定个人优先权

第17条法则：切中要害方可成为卓越的核心圈领导者

我深知虽然我们能做的事很多，但是我们并不是无所不能的，至少无法在同一时间完成所有的事。所以，在考虑事情的优先权时，您需要考虑的是做事的时间而不是做事的内容。时间就是一切。

——丹·米尔曼
作家

唐纳德是一位资深的销售经理，在事业巅峰时，他成了国际销售的副总裁。他很自豪最终实现了自己的职业目标，并为此欣喜若狂。现在，他的孩子们都已长大成人，搬出去独立生活，他不用再受到任何干扰，有大量的时间专注于自己的工作。然而，他自我感觉并不满意。体力上，他已经大不如前，业务最繁忙时，却发现自己精神萎靡，不能像想象中那样意气风发。他的团队成员纷纷抱怨唐纳德对待下属过于严苛，没有真正关心员工的处境。他已经取消假期计划两次了，他的妻子的感受也和他的员工一样。虽然时值事业的巅峰期，但这并不是唐纳德想要的。

如果您还在阅读此书，相信您此时一定联想到了自己，正如书中反复强调的那样：成果与他人第一，自我第二，但这并不意味着我们需要抛弃自尊、牺牲健康、舍弃理智，自我保护与自私不是一码事。

自我保护与自私不是一码事

我们首先探讨价值观的问题。一个人的价值观决定了他所珍视的东西。我们旨在帮助您正确认识自己的价值观，而不是强调您自己的价值观。

在您眼中，什么才是弥足珍贵的？

您问问自己最在意什么？与自己诚实地对话，相信您就会明白，自己才是自我时间管理过程中最大的障碍。时间对每个人都是公平的，问题是您将如何支配您的时间。正如凯文在《卓越领导力》一书中阐述的那样，时间管理就是一种选择管理。如果您不清楚自己的价值观，您就不可能合理地安排时间。

了解自己的价值观，您才能知道哪些事务应该被置于首要地位。如果您渴望获得精神的安宁，在周日晚上接到财务报告的电话可能有害无益；如果您急需体育锻炼来提高工作效率，让自己振奋起来，那就去健身房，在健身房的时间不会否定您过去一周的辛勤付出。

我们并不是说您简单的通过一些改变就可以重获控制权。首先，您需要员工明白与您共事的最佳方式。举一个简单的例子，如果您收件箱的未读邮件数不胜数，您应该鼓励员工挑选出重点信息；如果他们的确需要您亲自阅读邮件并给出指示，那么他们应该给您直发邮件，对于一些可告知您内情或不是刻不容缓的情况，可以附带发送，这样有助于您集中解决要事。事实上，发件人本身也并不期望您能回复他们的每一份邮件。

您需要获得支持与帮助，从而做出一系列的改变。请求您信任的人帮助您规划时间，他们大都会乐意效劳。如果您需要一位责任心强的伙伴，那不妨觅得一位；如果您不想在午夜时分回复邮件，就安排一位您信任的员工晚一点打电话通知或提醒您，否则深夜两点发出的表示感谢的邮件会让您睡梦中惊坐起。

如果您没有这么做过，不妨罗列出自己所重视的事情，然后问问自己：我对这样的时间分配满意吗？如果您不满意，那就尽可能投入更多的时间，常见的重要事情如下：

- 身体锻炼；
- 陪伴配偶；
- 孩子睡前时间（或活动或朗读故事）；
- 修身养性陪伴朋友；
- 读书与怡情长智；
- 业余爱好时间。

业余爱好与闲暇时光远比您想象中的重要，从事与工作无关的活动能够最大限度地激发人的潜能，让您更加快乐，更平易近人。如果您喜好阿尔巴尼亚的犹太音乐，您可以参加音乐会，抑或加入一个乐队，坐在车上，关掉手机，调节音量到您最舒适的状态，您不需要获得每个人的理解。

凯文一贯对约翰·迪尔牌拖拉机痴迷，这的确是一种喜好，他出席拍卖会，一看见田野中绿色的东西就情不自禁地放慢脚步，团队成员都把这个视作谈资，但这个爱好让凯文更加快乐，人格更加健全。关键是什么方式对您奏效，请重视起来。

以上内容都不是初次提到，为此，我们不再赘述。但是听说过并不代表您能够很好地做到，如果您做到了分配好自

己的时间与精力，会感到自己内心的祥和平静。当与组织以及他人相处时，您务必要严肃对待这个问题。

请停下来，反思下列问题

- 作为领导者，您最引以为傲的成果是什么？
- 在工作之余，您引以为荣的事有哪些？
- 在私人生活中，您今后需要投入更多时间的事有哪些？

总　结

・您有几成把握能够帮助员工实现您所期望的目标？

・为了能够对员工最有价值，您可以从哪方面改善您照顾自己的方式？

・为了成为一位更加自信的核心圈领导者，您会采取哪些具体的措施？

・为了更好地照顾您自己，您会采取哪些具体的措施？

・您什么时候开始？

・您需要什么样的帮助？

第 6 部分

培 养

第十八章

培养核心圈领导者的相关问题

第 18 条法则：为核心圈领导者奠定领导力基础

员工的成长与发展是对领导力的最高要求。

——哈维·费尔斯通
费尔斯通轮胎橡胶公司的创始人

奥德丽在一家国际技术公司的培训部，她面临着尴尬的境地。一方面，领导者希望得到她的协助，从而适应领导离线工作者的不同工作模式。另一方面，高级管理人员却在缩减培训预算，并且对当前领导模式的改革效果提出了质疑。奥德丽想知道，在不重复劳动的前提下，他们是否需要摒弃现有的领导力培训或者他们能否找到调整他们目前工作方式的方法。

在本书伊始，我们承诺为那些像您一样的核心圈离线领导者提供指导与帮助。无论您是一位旨在提高个人领导能力的经理还是一个为大企业学习与发展的负责人，我们都希望多分享一些策略与方法，帮助您制订培养优秀的核心圈领导者的计划。

论及领导力的发展，我们认为需要考虑以下问题：

·您理想的组织是什么类型的？您的组织文化是否与您的理想协调？

·您希望自己的核心圈领导做出哪些行为？您需要解决哪些技能发展？

·您计划如何培养或支持离线领导者？领导层会给予离线团队成员怎样的支持？

接下来，我们一一详细介绍。

理想的组织类型与文化是否一致？

正如在一开始提到的那样，无论是计划中还是计划外，您都会拥有一个离线团队，大势已来，我们建议您退后一步，斟酌一下它是如何影响您组织当前和未来的文化的。

每个公司都拥有自己的文化，对于离线团队来说，不难发现彼此做事的方式存在巨大差异，因为文化之间存在显著差异。

您的企业也有文化，但是这种文化可能并没有按照您预期的发展，或者并不是您期望的形态，对于在分散的办公地点工作的团队来说，如果领导者没有定义及反馈所期望的文化，那么最终形成的文化可能会让他大跌眼镜。

当员工都在同一地点办公时，定义与传承文化相对较容易，从停车点的规划到门牌的设计，再到墙面的颜色和张贴在休息间的使命信条，每个人都能随时随地有意无意地看到或者听到企业文化，切身感受到这种氛围。

当组织内部采取一视同仁的管理模式时，那么公司的理念"职衔不享受特殊待遇"便会不言而喻。但如果您在家办公，从未见过与普通员工一同工作的CEO，那么您可能并不会相信"职衔高低无关紧要"的理念。当接到CEO的请求时，您可能就会倍感压力，组织应该精心地传递自己的理念，并注重一贯性，否则只会事与愿违。

商业史上，从未有过很多员工在各个不同的地方工作的案例，如此必然会一路跌跌撞撞，没有什么锦囊妙计可以避免发展道路上的曲折，近期有个案例恰巧证实了这一点。

2017年，IBM（国际商业机器公司，International Business Machines Corporation，简称IBM）宣布取消一部分员工在家办公的形式。刚开始，大众认为IBM是在责令全体员工回公司上班，但事实上，涉及的员工只占员工总数的2%，这种改变与其团队文化紧密相关。

IBM的某些团队在很大程度上依赖于协作—想法共享，并在彼此的想法上建立起来，在项目和跨学科团队中尤其如此，但这种情况并没有像每个人共处时那样发生。正如我们可以告诉他们的那样，任务完成正在进行，但新思路的出现却少了很多。

离线工作的员工在没人指导的情况下自己自行其是，他们往往非常独立，而且只关注任务本身。如果这种情况符合您的期望，那么您可能会欣然接受，例如，您领导的是客服代表团队或者销售人员团队，他们都需要独立实现个人工作指标；如果您期望自己的团队凝聚力强，那么您可以通过采取具体措施来落实。但是无论是在个体团队层面还是组织层面，只有精心策划，才能实现目标。IBM误以为只要赋予睿智的员工这项使命和必要的工具，他们就会解决这方面的问题，但事实并非如此。

您可能认为这只是因为IBM过于轻率了，然而雅虎、苹果等大公司在推行离线办公的时候也缺乏慎重考虑，没有预设离线工作会对团队的影响，这并不能说明离线工作模式不完善或是意味着应该摒弃这种工作模式。相反，正是因为方法并不适用这种情境，需要重新调整战略，所以才要求部分员工返回办公室上班。

您的团队文化愿景离不开过程的支撑。如果利用现有的工具建设一支强大的离线团队，您是否会利用业绩评估的数据来支持您的观点呢？我们经常会诧异地发现，评价领导者的标准是他们的沟通技能而不是他们操作现有工具的能力。如果对团队发展的思考与讨论的贡献是团队成员的一项核心能力，那他们是否接受了有关出席会议或电话会议的培训？或者他们只是通过入场登记、回复邮件表明亲自到场了？

管理学专家彼得·德鲁克津津乐道的是，"如果一批优秀的员工处于一个差劲的体系中，这个体系最终会埋没这些人才。"悉心地建设文化不但意味着教育与培养领导者，也意味着使得整个组织齐心协力地朝着目标奋勇前进。最显著的例子如下：

· 人力资源。贵组织的绩效管理系统能否准确反映员工当天的工作表现？贵组织的学习管理系统与年度业绩考核等支撑体系能否反映异地工作领导和员工两个方面所涉及的其他技能与动态变化？核心圈的离线员工是否享有与办公室员工相同的评价、奖赏与提升待遇？如果公司期望员工能够举行网络会议，他们是否愿意为了尽可能地提高会议效果而购买网络摄像头与耳机？

·信息科技。贵公司的 IT 员工是否拥有科技决策权并负责提供相关培训？这种情况可能会导致非计划内的文化形成，例如，如果 IT 员工关注局域网宽带，可能会严禁员工使用网络摄像头。您是给予了 IT 技术人员独自决定权，还是希望在决策前举行一次有关目标文化与领导者的理想文化的座谈会？

我们的大多数客户组织基于旧理念或者对岗位职责的错误判断严格限制员工的职权范围。有个客户的 IT 员工选择了一个他们自认为有效的网络培训平台。不幸的是，这个平台在防火墙外不可使用，国外工作的员工不能访问这个平台。如果当初终端使用者参与这个平台设计的探讨，就可以有效避免这类问题了。

对核心圈领导者有怎样的期望？

我们建议基于您目前的能力，以核心圈领导力模型中涉及的三大模块为框架，对过程中涉及的其他技能和改变展开讨论，下面提供了一些建议：

◎ 领导与管理

对比您具备的领导能力与本书中提到的能力，反思下列问题：

・您目前采用的能力模型能否准确地体现您对于核心圈领导者的期望？

・如果没有，有哪些问题亟待解决？

・您是否需要明确核心圈领导者需要具备的能力？

在回答"是的，我们设立了培训与交流的工作室"之前，您需要考虑培训、任务委派、交流、主持会议、培养关系，以及设定目标等领域内的细节问题，这些小问题决定能否在新的环境中取得成功。领导者需要了解离线工作的动力学和解决或者减弱这些差异的具体办法。如果没有以上的学习机会，领导可以利用其他方法，包括传统的教师、网络培训、电子学习、个体化教学，以及混合式方法等。

◎ 工具与科技

工具与科技直接影响领导者完成由传统领导方式到离线或虚拟环境领导的蜕变，请深思下列问题，明确组织对于离线领导者的期望。

・您希望他们使用何种工具和何时使用这些工具？这就是丰富性与范围的角逐问题，员工是否知道如何使用

Skype、WebEx、Sharepoint 等？我们所说的"使用"指的是通晓这一应用的功能，根据本书中的建议向他们提供期望与指导。

· "有效地利用这些工具"的标准是什么？它不但包括这些工具的机械原理（他们是否知道按哪个键）而且包括帮助他们利用 Skype、WebEx 等保证会议的趣味性、互动性、以及有效性，这与其说是科技层面，不如说是程序的简易化与领导方面。

◎ 技能与影响

只有当您能够恰当地利用您所拥有的工具时，它们才能提高您的工作效率。

· 您的领导者能够有效地利用这些工具？领导者了解其职责和有效利用他们所拥有的工具，这一点很重要，如果领导者不能娴熟地使用这些科技，他们就无法达到既定的工作效率。

· 员工是否拥有实践的机会？员工需要在轻松的环境下进行实践锻炼，接受培训与获得反馈。这种自信心是获得软件许可证的在线培训无法给予的，这正是许多组织没有得到技术投资的最大回报的主要原因。

如何培养核心圈领导者？需要怎样的支持？

在回答了以上问题之后，您现在已经完成了核心圈领导者的培养准备工作。通常这并不会拟定真正的计划，而是在不考虑具体环境、没有明确培训目标、缺乏团队整体目标的情形之下，做出增加一项课程或者选定某些员工进行培训的决议。

请注意，我们有意没有提到"培训"一词，因为发展与支持的重点在于学习而不是简单培训。想要改变学习观，需要做到以下三点：

·将学习与工作联系起来。我们经常被要求动身前往某些组织，给予核心圈领导方面的指导，虽然这一点我们能够做到，但现场示范如何运用这项技术更有效地交流，让大家亲眼感受到这项技术的强大不是更好吗？否则就好比在健身馆教人游泳。当学习与现实工作、工作方式直接相关时，学习效率最高。这一过程应该考虑实际因素，如果公司的局域网或者公司政策不支持网络摄像头的使用，又或者没有VPN账号，那么帮助离线办公的员工实现有效交流的工作也是劳而无功。如果员工的关键绩效指标是独立核算的，那再多的鼓励员工携手共进也是枉费心血。

第十八章
培养核心圈领导者的相关问题

·提供不同类型的学习方式。如果您的工作涉及不同地点、不同时区、不同时间的员工，学习技能的方式就需要兼顾客观现实，针对离线领导者以及他们的团队，确保提供同步与异步的方式。

·过程化学习。我们相信培训是一次事件，而学习是一个过程。如果您期望员工能够学以致用、改变习惯、树立对从事工作的信心，一次简短的培训是远远不够的，因为没人能够通过一节钢琴课就学会弹钢琴。技能的掌握是需要时间的，并非一朝一夕。领导力培养计划中应该包括培训（一对一或群体培训）以及指导。

自2009年以来，韦恩访问了数百位进行网络课堂辅导的培训师，调查他们在开展在线培训前是否接受过相关培训，超半数的培训师反馈都没有受到相关培训，全凭个人摸索。幸运的是，这一情况迅速得到改观，虽然他们对于培训并不是一无所知，但要求那些并不熟悉离线工作或科技的人来设计培训课堂的做法更不可取，效果也不理想。

虽然IT通常负责科技，但是这一途径存在着诸多的弊端。

·光是操作示范是不够的。真正有效地传授一项新技术需要兼顾环境、示范、应用，以及不间断的培训，仅仅提供一段技术专家（但却不擅长促进学习）的示范视频算不上真正意义上的培训，贵公司的 IT 人才是否拥有帮助其他员工学习这些技能的资源与专业知识？

・IT 关注的是工具而不是环境。他们可能并不知道领导者在工作中需要知道如何操纵这种工具，利用 WebEx 这项技术分享屏幕与利用其进行领导与沟通是截然不同的。有关任何工具的培训都应该符合其现实的使用环境。

・他们真的了解吗？不能仅凭他们的工程师身份就断定他们懂得如何使用这些工具，一些商务版 Skype 的资深 IT 用户并不了解 Skype 的调查、白板等更加丰富的功能，这样的情况屡见不鲜，我们想告诉您，这些人或许并不是培训领导者的最佳人选。

这是一本探讨领导力的书，当每一个成员都对如何在真实世界中完成工作取得一致意见时，团队就在一个更高层面发挥作用。

反思下列问题：

・离线工作的员工能否理解组织的使命、前景、目标与战略？他们是否知道整个团队是如何协作的？因为在同一地点工作的员工可以有意、无意地感受到公司文化，但是离线工作的员工无法身临其境。

第十八章
培养核心圈领导者的相关问题

- 独立团队成员是否熟知离线工作的特别注意事项？
- 员工是否具备完成工作的必备技能？
- 员工是否具备离线交流、建立关系、培养新人的能力？
- 您会给员工提供学习新技能的机会吗？

如果您仍在阅读这本书，想必您正在考虑帮助离线领导者取得成就，记住，没有一个成功的团队，他们无法取得成功。

请停下来，反思下列问题

■ 在第十七章的末尾，我们建议您驻足反思自我或者您的团队，不同的是，这一章，我们建议您从组织的层面思考问题，这可能涉及与其他部门的员工进行对话，我们鼓励这样的跨部门交流，并期待由此引发的改变。

■ 您理想的组织文化是什么样的？

■ 团队成员的离线办公是怎样影响组织的文化蓝图的？

■ 为了实现文化蓝图，尤其对离线团队成员来说，需要进行哪些改变？

■ 您希望离线领导者以何种方式工作、具备何种技能？

■ 您认为目前的核心圈领导者有哪些技术、知识空白？

■ 您拥有哪些能够准确满足离线领导者所需的学习资

源与材料？

■ 除了培训部之外，组织中哪些部门需要参与领导力发展计划的制订？

■ 您如何确保所有的利益相关者都能齐心协力保证领导力发展计划满足实际需要？

结 语

第 19 条法则：当所有法则都失效时，谨记第 1 条法则

没有持续的增长与进步，提升、成果和成功之类的字眼也就毫无意义。

——本杰明·富兰克林
政治家、物理学家

这本书已经接近尾声，但我们希望您的工作才刚刚开始。

一本书本身并不重要，这么说，并不是出于虚伪的谦虚，只是将它置于适当的背景下。如果我们完成了我们的工作，那这本书已经做了两件，也许是三件事：

· 教育意义。毕竟，您尚未读过韦恩的小说（事实上，韦恩写了好几本小说了，您可以上网搜索一下）。阅读这本书您可能是期望学习如何领导离线团队，以全新的视角看待问题，又或许是确认自己现在的领导模式是正确的、合适的甚至是最佳的选择。

·启示意义。没有启示的教育是干瘪的。学校的课堂可能教育了您,但却没有启发您,这么说并不是在否定教师的工作,我们期望您能够更加乐观、自信,有更高的价值感,认识到领导力的重要性,尤其是更加复杂的核心圈离线领导。

·娱乐意义。尽管这一点可能没有前两点重要,但是如果没有这一点,前两点仿若空中楼阁。您阅读了多少本关于如何修建金字塔的书?如 20 世纪 60 年代的足球运动员和阿尔巴尼亚犹太音乐的书?离线领导力研究院和凯文·艾肯伯里集团的工作部分基于这样一种观念,即:学习可以而且应该是有趣的。

事实上,我们更加看重第四点,这也是我们创作这本书的初衷。

·它引导您采取行动。虽然教育、启示、娱乐目标都有其自身的价值,但它们只是过程性目标。结果性目标应该是应用,即您行动起来。如果您没有关注反馈方式、如果您没有学习如何更有效地利用技术、如果您没有帮助员工实现既定目标,那么这本书也就失去了该有的意义。

凯文的著作《卓越领导力》获得的最佳赞誉是"您可以说这本书是由一位培训师所著,不断鼓励您实践所知所学"。被冠以培训师、老师和学习推动者的称号,我与凯文都颇感自豪。我们俩都花了大量的时间在教室里,以及网络摄像头一端的方式,帮助来自世界各地的员工掌握新技能与新方法,使他们能够更有效地领导和沟通。这本书可以帮助您掌握更多的技能,更加自信有效地完成工作。

但这只是一本书。

现在,真正的、重要的工作正式拉开帷幕。

如果您携带着这些工具启程,并且信心满满地尝试运用,我们为此深感高兴、自豪和荣幸。

虽然这本书几近尾声,但我们帮助核心圈领导者的初心不变。

祝万事顺遂!恕我冒昧,愿君在未来的工作中实现有效的领导。

致　谢

像这样的一本书离不开许多人的帮助，而他们分布在世界各地。

首先，感谢我们朝夕相处的离线领导力学院的合作团队。从里士满到凤凰城，从芝加哥到印第安纳波利斯，您的辛勤工作、敏锐的洞察力和积极地支持让我们惊叹不已。特别感谢艾丽卡·布朗协助我们处理图片，帮助我们将文字插入到图片中。

我们非常感谢贝雷特·勒出版有限公司团队给予我们的信任以及支持，使得我们致力于持续变化的目标。具体来说，感谢尼尔·迈莱和吉万·西瓦苏布拉马尼亚姆，以及制作团队和参与营销和推广的每个人。没有他们，这本书可能不会面世。罗杰·彼得森帮助提供修改意见，进而成就了这样一本好书。负责整理副本的乔恩·福特和乔纳森·佩克同样做出了巨大的贡献。

最后，致我们尊贵的客户：我们很高兴能够为您提供服务、与您合作，我们愿意向您学习。我们真诚地希望这本书能让您的旅程不再那么艰难。

除此之外,以下是我们的一些个人观点。

凯文:

除了团队的全面认可之外,我还有很多话要说。我相信,因为我每天都有机会领导这个偏远的团队,所以能够成就这部优秀的作品。许多想法都经过与团队互动过程中的验证和完善。我从他们身上学到的东西的价值不可替代。最后,感谢我的妻子罗莉,感谢她的耐心、理解和支持——不仅仅是在创作这本书的过程,而是在我们的一生中。她让我在各方面成为一个更好的人。

韦恩:

自汉谟拉比法典以来,一直有人在撰写领导书籍,我们只是站在他们的肩上。忽视它们的价值是无礼的。相关方面的书籍数不胜数,这能够增加集体智慧。此外,我必须向我的妻子琼致以最诚挚的谢意,感谢她的慷慨支持和无与伦比的耐心。

作者简介

◎ 凯文·艾肯伯里

凯文·艾肯伯里是公认的领导力发展和学习领域的全球专家，也是凯文·艾肯伯里集团的首席潜力官。他是卓越领导力学习系统的创始人，也是核心圈领导力学院的联合创始人。

凯文·艾肯伯里

凯文花了25年多的时间在领导力、学习、团队和团队合作、沟通等方面给予整个北美的组织和来自世界各地的领导者支持。他的客户包括财富500强公司、小公司、大学、政府机构和医院。他的客户囊括您耳熟能详的组织：美国红十字会、雪佛龙菲利普斯化工有限公司、太阳马戏团、约翰迪尔、普渡大学、西南航空公司等。

他是畅销书 Remarkable Leadership（《非凡的领导才能》）和 Vantage points on Learning and Life（《学习和生活的优势点》）的作者。他与盖·哈里斯合著了另一本畅销书 From

Bud to Boss: Secrets to the Successful Transition to Remarkable leadership（《从下属到老板：成功转型为卓越领导者的秘密》），以及一本名为 My Journey from Bud to Boss（《从下属到老板之旅》）的兄弟篇。除此之外，凯文与他人合著的书籍多达 15 本。

凯文的博客一直是世界上最优秀的和最具领导力的博客之一。他被 Inc.com（美国企业杂志）评为全球百强领导和管理思想家之一，并被其他几家出版物冠以非凡的领导力演说家和思想家的称号。

◎ 韦恩·特梅尔

韦恩·特梅尔是核心圈领导力研究所的联合创始人之一。在过去的 20 多年里，他一直致力于研究人们在工作中的沟通方式。他的工作帮助四大洲的组织培养领导员工、项目和团队必备的沟通技巧，并对改进离线工作和虚拟团队提供建议。

韦恩·特梅尔

韦恩的著作有多部，包括 10 Steps to Successful Virtual Presentations（《成功的虚拟演示十步法》）和 Meet Like

You Mean It:A Leader's Guide to Painless and Productive Virtual Meetings（《认真的会面：轻松有效的虚拟会议的领导者指南》）。此外，他还为其他几十本书做出了贡献，他的开创性博客——Cranky Middle Manager Show，是首批被BNET（宽带交换网）列入50个最具影响力人力资源博客的领导博客之一。他的客户包括美国红十字会、施耐德电气、戴尔，以及美国和加拿大政府的一些部门。

马歇尔·戈德史密斯称韦恩为"领导力中真正独特的声音之一"。